www.ingramcontent.com/pod-product-compliance
Lightning Source LLC
LaVergne TN
LVHW020443070526
838199LV00063B/4840
9789358725551

سارے جہاں کا درد

(طنزیہ و مزاحیہ مضامین)

دلیپ سنگھ

© Dileep Singh
Saare Jahan ka Dard *(Humorous Essays)*
by: Dileep Singh
Edition: October '2024
Publisher :
Taemeer Publications LLC (Michigan, USA / Hyderabad, India)

ISBN 978-93-5872-555-1

مصنف یا ناشر کی پیشگی اجازت کے بغیر اس کتاب کا کوئی بھی حصہ کسی بھی شکل میں بشمول ویب سائٹ پر اَپ لوڈنگ کے لیے استعمال نہ کیا جائے۔ نیز اس کتاب پر کسی بھی قسم کے تنازع کو نمٹانے کا اختیار صرف حیدرآباد (تلنگانہ) کی عدلیہ کو ہو گا۔

© دلیپ سنگھ

کتاب	:	**سارے جہاں کا درد** (مضامین)
مصنف	:	**دلیپ سنگھ**
صنف	:	طنز و مزاح
ناشر	:	تعمیر پبلی کیشنز (حیدرآباد، انڈیا)
سالِ اشاعت	:	۲۰۲۴ء
صفحات	:	۱۲۴
سرورق ڈیزائن	:	تعمیر ویب ڈیزائن

سارے جہاں کا درد دلیپ سنگھ

ترتیب

گذارش احوال واقعی ـــ ۷
معذرت نامہ ـــ ۱۲
ہم جو اپنی شرافت میں مارے گئے ـــ ۱۸
ہدایت نامہ مصنّفین ـــ ۲۴
جن کی واپسی ـــ ۳۲
سارے جہاں کا درد اور ہمارا جگر ـــ ۳۹
ضرورت ہے ..... ـــ ۴۶
ہماری داستاں تک بھی نہ ہوگی داستانوں میں ـــ ۵۱
دل ہی تو ہے ـــ ۶۰
جشن جدائی ـــ ۶۶
مرنا تری گلی میں ـــ ۷۰
ناگمشدہ کی تلاش ـــ ۷۷
دلہن کی مانگ ـــ ۸۲
ایمان کی یہ ہے ـــ ۸۷
پاتا ہوں داد ـــ ۹۳
زندہ باد ۔ مُردہ باد ـــ ۹۹
نارمل آدمی ـــ ۱۰۵

خاکے :

طنز و مزاح کا اکبر بادشاہ ـــ ۱۱۲
ایک خاکہ نگار کا خاکہ ـــ ۱۱۸

جناب میر عابد علی خاں

ایڈیٹر سیاست کے نام

بصد خلوص و نیاز

۷

گذارشِ احوالِ واقعی

۱۹۵۴ء میں جب میرا پہلا طنزیہ مضمون اُردو کے ایک موقر رسالہ میں شائع ہوا تو میں دس دن کے بعد معاوضہ لینے کے لئے رسالہ کے دفتر میں پہنچ گیا۔ دفتر میں اُس وقت چھ سات آدمی موجود تھے۔ جوں ہی میں نے معاوضہ کا ذکر کیا' دفتر میں موجود لوگوں نے ایک زوردار قہقہہ لگایا' اتنا زوردار کہ مجھے احساس ہوا کہ قہقہہ چھ سات آدمیوں کا نہیں' ساٹھ ستر آدمیوں کا ہے۔ اُن لوگوں کی ہنسی رُکی تو مدیر محترم نے مجھے بتایا کہ اُردو ادب میں معاوضہ کا رواج نہیں ہے۔ مجھے یہ سن کر حیرانی ہوئی کہ رواجوں کے اس دیس میں یہ رواج رائج ہونے سے کیسے رہ گیا؟ وضاحت کرتے ہوئے مدیر صاحب نے فرمایا کہ جب مدیر ہی کو تنخواہ نہیں ملتی تو مضمون نگاروں کو معاوضہ کس بات کا۔ جب میں نے نہایت سادگی سے پوچھا کہ لوگ پھر لکھتے کیوں ہیں تو کہنے لگے کہ "شہرت کی خاطر"۔

یوں تو مجھے شہرت حاصل کرنے سے کوئی عذر نہیں تھا لیکن اِس سے زیادہ مجھے اُن دنوں پیٹ بھرنے کے لئے روٹی کی ضرورت تھی۔ پھر بھی سوچا کہ چلو شہرت تو حاصل کرو۔ ہو سکتا ہے جب بہت مشہور ہو جاؤں تو لوگ روٹی بھی کھلانے لگیں۔

میں یہ سوچ کر اُس رسالہ کے دفتر سے نیچے اترا کہ شاید مجھے دیکھتے ہی قارئین کرام آنکھوں پر بٹھالیں گے۔ رسالہ جس میں میرا مضمون چھپا تھا' میری بغل میں تھا۔ سیڑھیاں اتر کر نیچے آیا تو آنکھوں پر بٹھانا تو در کنار مجھے کوئی اپنی رکشا میں مفت بٹھانے کو تیار نہ ہوا۔

۸

میں نے کہا بھی کہ میں ادیب ہوں۔ لیکن انھوں نے جواب دیا کہ سیکڑوں ادیب اس بازار میں جوتیاں چٹخاتے پھرتے ہیں۔ چنانچہ میں جوتیاں چٹخاتا گھر کی طرف چل دیا۔

بعد میں میں نے غور و خوض کی تو پتہ چلا کہ اُردو کے رسائل کے پڑھے جانے کا عالم یہ ہے کہ اکثر انہیں وہی حضرات پڑھتے ہیں جو اُن میں لکھتے ہیں۔ بلکہ حقیقت یہ ہے کہ وہ بھی اپنا مضمون پڑھنے کے بعد رسالہ سنبھال کر رکھ لیتے ہیں۔ کیونکہ وہ جانتے ہیں کہ زیادہ ورق گردانی کرنے سے رسالے کے خراب ہو جانے کا اندیشہ ہے اور ایسی حالت میں یہ بوقتِ ضرورت کام نہیں آسکے گا اور سند نہیں بن سکے گا۔

اس تجربے کے بعد میری ادبی زندگی نے ایک نیا موڑ لیا اور مخمور جالندھری صاحب کی ایما پر میں نے ریڈیو کے لئے لکھنا شروع کر دیا، کیونکہ وہاں شہرت کے ساتھ معاوضہ بھی ملتا تھا۔ شروع میں تو میں نے مضامین ہی لکھے۔ جنہیں ریڈیو کی زبان میں "ٹاکس" کہا جاتا ہے۔ لیکن بعد میں ڈرامے کی طرف رجوع کیا کہ اس صنفِ ادب کی فیس اور سننے والے زیادہ تھے۔

اُردو کے کئی ادیب ریڈیو کے لئے لکھنے کو قابلِ فخر کام نہیں سمجھتے، شاید اسلئے کہ جس شخص کو زندگی بھر مفت کام کرنے کی عادت پڑ گئی ہو، اس کو جب اپنی تخلیقات کے پیسے ملنے شروع ہو جائیں تو اسے لگتا ہے کہ وہ کوئی گھٹیا کام کر رہا ہے۔

میں نے ریڈیو کے لئے خوب لکھا اور جب ہندوستان میں ٹیلی ویژن وجود میں آیا تو اس کے لئے بھی لکھا۔ میں آج تک سمجھ نہیں پایا کہ ریڈیو یا دوردرشن کے لئے لکھنے پر ہمارے ادیب ناک کیوں سکیڑتے ہیں۔ جو مضامین میں اس کتاب میں شائع کر رہا ہوں یہ سب کے سب میں نے اگرچہ خاص طور پر ریڈیو یا دوردرشن کے لئے نہیں لکھے تھے، ریڈیو یا ٹیلی ویژن سے پڑھے ضرور ہیں۔ اور میں نے دیکھا ہے کہ ریڈیو سے پڑھے جانے کے بعد ان کی شکل و صورت میں کوئی تبدیلی رونما نہیں ہوئی۔

۹

۱۹۸۴ء کے اواخر میں جب میں آسٹریلیا میں سرکاری ملازمت کی میعاد پوری کرنے کے بعد لوٹا تو میرے دو عزیز ترین دوستوں فکر تونسوی اور مجتبیٰ حسین کا اصرار تھا کہ مجھے اپنا تمام "ادبی سرمایہ" نذرِ برقی کی نذر نہیں کر دینا چاہیے کیونکہ میرا نام بھی زندہ رہے گا اگر میں کتابی صورت میں اپنی تخلیقات چھوڑ جاؤں گا۔ فکر تونسوی تو مجھے آسٹریلیا میں بھی پے در پے خط لکھتے رہے کہ مضامین لکھواور چھپواؤ ورنہ تمہاری داستاں تک بھی نہ ہوگی داستانوں میں۔

ان دو حضرات کی ایما پر میں نے ایک مضمون لکھا: "معذرت نامہ" یہ مضمون شاعر بمبئی میں شائع ہوا۔ مضمون کی اشاعت کے بعد مجھے ظ۔ انصاری صاحب کا ایک پوسٹ کارڈ موصول ہوا۔ یہاں یہ عرض کر دوں کہ ظ۔ انصاری صاحب کو میں اُردو کا واحد تنقید نگار سمجھتا ہوں جو اپنی بات بلا رو رعایت کہہ دینے کے عادی ہیں اور اس اصول پر سختی سے عمل کئے جا رہے ہیں۔

خط میں انہوں نے لکھا:

"من کہ یک تبصرہ نگار۔

میں جاننا چاہتا ہوں کہ آپ کون ہیں اور کیوں ہیں؟

پہلی چیز آپ کے نام کے ساتھ "معذرت نامہ" پڑھی، اور شاعر کا اداریہ بھی دیکھی۔ دونوں کو ملا کر دیکھا تو کوئی مطابقت نہیں پائی مگر ایک چیز پائی کہ آپ ضرور اس وضع کی چیزیں لکھتے رہے ہیں اور میری بے خبری کہ ایسے جوہر قابل سے آگاہ نہیں ہو پایا۔ خیر اب سہی۔"

ظاہر ہے ایسا خط ملنے پر میرا پھیل جانا لازم تھا۔

دوسرا خط مجھے اوپیندر ناتھ اشک صاحب کا ملا۔ لکھتے ہیں:

"شاعر بمبئی کے تازہ الشوع میں تمہارا "معذرت نامہ" پڑھا مزا آیا۔ اتنا مختصر لیکن دلچسپ مزاحیہ مضمون کے لئے میری داد قبول کرو۔ عرصے بعد

ایسا دلچسپ مزاحیہ مضمون دیکھنے کو ملا ہے۔"

ایسا تو ہونا ہی تھا اشک صاحب۔ میں نے لکھا ہی عرصے کے بعد تھا۔

ان دونوں خطوں اور متعدد قارئین کے خطوں سے مجھے احساس ہوا کہ میرا اندازہ غلط تھا کہ اردو کے رسائل کو کوئی پڑھتا نہیں۔ کم از کم رسائل میں شائع شدہ طنز و مزاح کے مضامین نہ صرف پڑھے جاتے ہیں بلکہ ان پر مناسب داد بھی دی جاتی ہے، مجھے یہ بھی احساس ہوا کہ اردو ادب کو میری شدید ضرورت ہے۔ میں نے سوچا میرا فرض بنتا ہے کہ میں قارئین کرام کی خاطر مضامین لکھوں اور رسائل میں شائع کرواؤں۔ معاوضہ تو خیر سے اب بھی نہیں ملتا لیکن یہ ذرا سی بات میرے لئے سدِ راہ نہ بن سکی کیونکہ روزی روٹی کا مسئلہ حل کرنے کے لئے میں نے اب تک کئی اور ہتھکنڈے سیکھ لئے ہیں۔

میرے عزیز دوست مزاح نگار مجتبیٰ حسین نے شائد لوگوں کی ضرورتوں کو مدِنظر رکھتے ہوئے مزاح کو لوگوں تک لے جانے کا ایک اور طریقہ نکالا ہے۔ ان کی کوششوں سے باقاعدہ ایسی تقریبیں منعقد ہونے لگی ہیں جہاں مزاح و طنز نگار اپنے مضامین حاضرین کو سناتے ہیں اور براہِ راست داد وصول کرتے ہیں۔ مجھے حیرانی ہے کہ ہمارے شعرائے کرام نے مزاح نگاروں کو اپنے ریزرو ڈ میدان میں داخل ہونے کیسے دیا۔ لیکن یہ مسئلہ میرا نہیں۔ مجھے تو صرف یہ کہنا ہے کہ مجتبیٰ حسین صاحب کی طرف سے تھوڑی سی کوشش ہوئی اور میں ان کی ٹولی کا مستقل ممبر بن گیا۔ وہ مجھے حیدر آباد، فرید آباد، میرٹھ، لکھنو، دلی اور نہ جانے کہاں کہاں لے گئے جہاں میں نے حاضرین سے جھولیاں بھر بھر کر داد وصول کی ــــ اور اس طرح مجھے مکرر احساس ہوا کہ پبلک کو میرے مضامین کی کس قدر ضرورت ہے۔ اس قسم کی داد بلکہ فریاد سن کر تو لوگ الیکشن میں کھڑے ہو جاتے ہیں کہ پبلک کو ان کی رہنمائی کی ضرورت ہے۔ میں تو صرف مضمون نگاری کر رہا ہوں۔

ایسے جلسوں میں لوگوں نے اکثر مجھ سے سوال کیا کہ آپ کا مجموعہ کب شائع ہوگا ـــــ

یہی سوال جب حسامی بک ڈپو کے مالک نصیر احمد صاحب نے حیدرآباد میں مجھ سے کہا تو میں نے جواب دیا کہ مضامین کا مجموعہ میں تیار کر دیتا ہوں. شائع آپ کر لیجئے. چنانچہ ہم دونوں اپنا اپنا فرض پورا کر رہے ہیں. جناب نصیر احمد صاحب کا خیال ہے کہ اس کتاب کو ہاتھوں ہاتھ لیا جائے گا ـــــ قارئین کرام سے میری درخواست ہے کہ جناب نصیر احمد صاحب کے بھرم کو بنائے رکھیں جو اُن کا فرض ہے. ورنہ اُن کا اعتبار میری نا قابلیت سے اور قارئین کی سمجھ بوجھ سے اُٹھ جائے گا.

میں دلّی دوردرشن کے جناب انجم عثمانی صاحب کا شکر گذار ہوں کہ انہوں نے اس کتاب کے مسودے کو تیار کرنے میں میری مدد کی.

دلیپ سنگھ

59/4 راجندر نگر۔ نئی دِلّی
یکم جنوری ۱۹۹۰ء

۱۲

معذرت نامہ

یہ ایک خط کا جواب ہے جو بلیماران دلی کے کسی نسیم صاحب نے لکھا ہے۔ اپنے خط میں نسیم صاحب مجھ پر بہت برسے ہیں خوب گالیاں دی ہیں، ایسی گالیاں جنہیں کھا کر میں بہت بدمزہ ہوا۔ اور باتوں کے علاوہ مجھے انھوں نے گرہ کٹ کا بھائی چور کہا ہے۔ صرف گالیوں پر اکتفا کیا ہوتا تو شاید میں برداشت کر جاتا لیکن انہوں نے یہ بھی لکھا ہے کہ اگر میں کبھی ان کے ہتھے چڑھ گیا تو میری ہڈی پسلی ایک کر دیں گے۔

نسیم صاحب نے اپنے خط میں بڑے بھاری بھرکم الفاظ استعمال کئے ہیں — کچھ اس وزن کے الفاظ جو عبادت بریلوی صاحب اپنے تنقیدی مضامین میں کیا کرتے ہیں — ان کے وزن دار الفاظ سے مجھے اندازہ ہو رہا ہے کہ وہ پہلوان قسم کے آدمی ہیں۔ میں نہیں چاہتا کہ ایسے آدمی کے دل میں میرے لئے پرخاش کا خیال رہے، اس لئے میں اپنی پوزیشن واضح کرنے کے لئے یہ خط لکھ رہا ہوں۔

میرا خط پڑھنے سے پہلے نسیم صاحب کی ناراضگی کا پس منظر دیکھ لیجئے:-

کچھ مہینے پہلے مرزا عبدالودود کے مزاحیہ مضامین کا پہلا مجموعہ "گٹھلیوں کے دام" شائع ہوا تھا۔ مرزا اپنی کتاب میرے پاس لائے تھے کہ میں اس پر تبصرہ کروں۔ وہ تبصرہ دلی کے رسالہ "گھامڑ" میں شائع ہو گیا۔ نسیم صاحب نے وہ تبصرہ پڑھ کر یہ نتیجہ اخذ کیا کہ "گٹھلیوں کے دام" مزاحیہ ادب میں ایک بیش قیمت اضافہ ہے۔ چنانچہ بیس۲۰ روپے میں انھوں نے یہ کتاب خرید لی۔ جب کتاب پڑھی تو انہیں احساس ہوا کہ وہ ٹھگ لئے گئے ہیں۔ ان کا کہنا ہے کہ کتاب

پڑھ کر انہیں یوں لگا جیسے کسی نے ان کی جیب کاٹ لی ہو۔ جس میں بیس ۲۰ روپے تھے اور چونکہ انھوں نے یہ کتاب میرے تبصرہ کی بنا پر خریدی تھی اس لئے وہ سمجھتے ہیں کہ میں اس جیب کترے کا رشتہ دار ہوں۔

نسیم صاحب آپ کے خط کو پڑھنے سے مجھے یقین ہو گیا ہے کہ آپ کو کتاب پڑھنے کی تمیز تو شاید ہے۔ تبصرہ پڑھنے کی ہرگز نہیں ہے۔ میں نے ہرگز یہ نہیں لکھا کہ یہ کتاب مزاحیہ ادب میں ایک بیش قیمت اضافہ ہے۔ میں جانتا ہوں میں نے یہ بھی نہیں لکھا کہ مرزا عبدالودود کی کتاب بالکل واہیات چیز ہے۔ لیکن اگر میں اس طرح لکھتا تو مرزا اسی طرح میرے خون کے پیاسے ہوتے جیسے آج آپ ہیں۔ اور ماشاءاللہ ان کی صحت آپ کی صحت سے کسی لحاظ سے کم نہیں۔

آیئے میں آپ کو تبصرہ پڑھنا سکھاؤں۔ میں نے لکھا تھا کہ

"مرزا عبدالودود نے بہت ہی قلیل مدت میں مزاح نگاروں کی صف میں اپنی جگہ بنالی ہے۔"

آپ نے سمجھا میں یہ کہہ رہا ہوں کہ مرزا جب مزاح کے میدان میں داخل ہوئے تو وہاں پہلے سے موجود مزاح نگاروں نے اپنی اپنی نشست چھوڑ کر ان کی خدمت میں گزارش کی کہ حضور یہ کرسیاں دراصل آپ ہی کے لائق ہیں۔ تشریف رکھئے۔ نسیم صاحب میرا یہ مطلب ہرگز نہیں تھا۔ میں نے تو تبصرے کی زبان میں یہ کہنے کی کوشش کی تھی کہ مرزا نے مزاح نگاروں کی صف میں بالکل ایسے جگہ بنائی ہے، جیسے ریل کے ایک بہت ہی بھرے ہوئے تھرڈ کلاس کے ڈبے میں ایک نیا مسافر اپنی جگہ بناتا ہے۔ یعنی دروازہ بند پاکر پہلے انھوں نے کھڑکی سے بستر اور صندوق پھینکا، پھر اسی رستے خود کود پڑے۔ بستر کسی کے سر پر پڑا، صندوق نے کسی اور کو زخمی کیا، ایک دو مسافر ان کے بوجھ کے نیچے دب گئے۔ ایسا بھونچال آنے پر لوگ خود ہی ادھر ادھر سرک گئے اور اس طرح مرزا نے اپنی جگہ بنالی۔

۱۴

میں نے لکھا تھا کہ

"مرزا نے ابھی ابھی اس دشت میں قدم رکھا ہے۔ اس دشت کی سیاحی کے لئے تو عمر پڑی ہے۔"

آپ سمجھے میں کہہ رہا ہوں کہ ان کا قدم پڑتے ہی اس دشت میں پھول اُگ آئے ہیں۔ جب وہ پوری عمر اس دشت میں قدم رکھے رہیں گے تو یہ دشت "نشاط باغ" بن جائے گا۔ حضور میرا مطلب یہ نہیں تھا۔ میں تو مرزا صاحب کو بڑے پیار سے مشورہ دے رہا تھا کہ بھیا اس دشت کی سیاحی کے لئے عمر پڑی ہے ابھی سے اس میں کیوں کود رہے ہو۔ بیس پچیس سال اور صبر کرو۔ جب کوئی اُردو پڑھنے والا نہیں رہے گا تو آپ شوق سے اس دشت کی سیاحی پر اترنا تاکہ کوئی آپ کی اس بے راہ روی پر اعتراض، نہ کر سکے۔

میں نے لکھا ہے کہ:

"مرزا کا لکھنے کا انداز ریسی (Race) ہے۔"

آپ نے سمجھ لیا کہ ان کے اندازِ بیان میں وہی روانی ہے جو ریس کے گھوڑوں میں ہوتی ہے یعنی ایک خوبصورتی ایک ادائے بے نیازی کے ساتھ تیزی سے منزل تک پہنچنے کی آرزو۔۔۔۔ نہیں صاحب میرا مطلب ہرگز نہیں تھا۔ ریسی (Race) سے میرا مطلب گھوڑ دوڑ سے ضرور تھا لیکن ان گھوڑوں کی دوڑ سے نہیں جو بمبئی کے مہالکشمی میدان میں دوڑتے ہیں۔ بلکہ ان گھوڑوں سے تھا جو تانگوں کے آگے جُتتے ہیں۔ اور جو سڑکوں پر پیدل اور سائیکل سوار لوگوں کو روندتے ہوئے چلے جاتے ہیں اگر اُدھر اَڑ جائیں تو ایسے اڑتے ہیں کہ کوچوان کا چابک بھی انہیں اپنی جگہ سے ہلا نہیں سکتا۔

میں نے لکھا تھا کہ:

"کتاب کے تمام جملے مصنف کی محنت کے آئینہ دار ہیں۔"

آپ سمجھے میرا مطلب یہ ہے کہ مصنف نے ایک ایک جملے پر وہ محنت کی ہے جو ایک ذہین لڑکا اپنے امتحان کی تیاری میں کرتا ہے۔ تاکہ وہ کلاس میں اوّل آسکے۔ نہیں صاحب میرا یہ مطلب ہرگز

نہیں تھا۔ میرا اشارہ اس محنت کی طرف تھا جو ایک دھوبی ایک۔ گندے کھیس میں سے میل نکالنے کی کوشش میں کرتا ہے۔ یعنی پتھر پر مار مار کر۔ اتنے زور سے مارنے کے باوجود کھیس پھٹ جاتا ہے پر میل نہیں نکلتا۔

میں نے لکھا تھا کہ

"مجھے یقین ہے کہ یہ کتاب ہاتھوں ہاتھ لی جائے گی۔"

آپ نے سمجھا کہ یہ کتاب یوں بکے گی جیسے متھرا کے پیڑے یا ناگپور کے سنگترے یا بمبئی کی بھیل پوری۔ نسیم صاحب ! میرا یہ مطلب ہرگز نہیں تھا۔ پہلی بات تو آپ یہ اچھی طرح سمجھ لیجئے کہ اُردو کی کوئی کتاب اِن معنوں میں ہاتھوں ہاتھ نہیں لی جاتی۔ یہ ہمیشہ ہاتھوں ہاتھ دی جاتی ہے۔ یعنی کتاب کو آپ خود شائع کرتے ہیں اور پھر اُسے آپ دوسرے ادیبوں کو ہاتھوا، ہاتھ بانٹتے ہیں۔ وہ بھی کچھ اس طرح کہ اِس ہاتھ دے اُس ہاتھ لے۔ یعنی وہ بھی آپ کو اپنی کتابیں اُسی طرح پیش کریں۔

جہاں تک مرزا کی کتاب "گٹھلیوں کے دام" کا تعلق ہے۔ میرا مطلب یہ بھی نہیں تھا جب میں نے لکھا کہ یہ کتاب ہاتھوں ہاتھ لی جائے گی تو میرا مطلب تھا کہ پبلشر سے یہ کتاب سیدھے ردّی والے لے جائیں گے وہاں سے یہ کتاب حلوائی کے ہاتھ پہنچے گی اور پھر گاہکوں کے پاس جائیگی۔ مجھے حیرت ہے کہ آپ اتنی سی بات سمجھ کیوں نہیں پائے۔ خیر بیس ۲۰ روپے خرچ کرنے کے بعد تو سمجھ ہی گئے ہوں گے۔

آپ نے لکھا ہے کہ میں نے تبصرے میں مرزا کے مضامین میں سے کچھ ایسے فقرے نقل کئے ہیں جو بہت خوبصورت اور معنی خیز ہیں۔ اُن سے آپ کو دھوکہ ہوا کہ شائد ساری کتاب ہی خوبصورت ہوگی۔

ایسے کتنے فقرے میں نے نقل کئے تھے ؟ کل چار۔ اور یہ میں ہی جانتا ہوں کہ انہیں کتاب میں سے ڈھونڈنے میں مجھے کتنی ریاضت کرنی پڑی۔ تقریباً پوری رات میں کتاب کو کھنگالتا رہا تب کہیں جاکر یہ فقرے ہاتھ لگے۔ ۔۔۔ ویسے ایک گزارش کر دوں کہ دو سو صفحے کی کتاب

۱۶

میں سے دو چار جملے تو پیچھے نکل ہی آتے ہیں۔ بھائی جان وہ گھڑی جو کئی سال سے بند پڑی ہو وہ بھی دن میں دو بار صحیح وقت بتا سکتی ہے۔

آپ کی شکایت ہے کہ میں نے اپنے تبصرے میں لکھا ہے کہ

"میں تمام اردو داں حضرات کو اس کتاب کے مطالعے کی پُرزور سفارش کروں گا۔"

جی میں نے ضرور لکھا ہے۔ لیکن آپ کو یہ تو دیکھنا چاہیئے تھا کہ سفارش کرنے والے کی اپنی حیثیت کیا ہے۔ میں تو دن میں سینکڑوں لوگوں کو سفارشی خط دیتا رہتا ہوں۔ کبھی وزیر نشرواشاعت کے نام، کبھی وزیر تعلیم کے نام، کبھی شہر کے میئر کے نام کہ اِس کو ریڈیو اسٹیشن کا ڈائرکٹر بنا دو۔ اُس کو کالج کا پرنسپل بنا دو۔ اُس محلے میں پانی کا نل لگوا دو۔ لیکن آج تک میرے سفارشی خط والے لوگوں کو کسی نے سرکاری دفتر کے قریب نہیں گھُسنے دیا۔ میری سفارش پر لگے ہوئے نل سے کسی نے پانی نہیں پیا۔ میری سمجھ میں یہ نہیں آتا کہ آپ نے میری سفارش کیوں مان لی۔

تبصرہ کو جلدی ختم کرتے ہوئے میں نے لکھا کہ

"میں مصنف اور قاری کے درمیان کھڑا نہیں رہنا چاہتا۔"

نسیم صاحب آپ اِس کا مطلب یہ سمجھے کہ کتاب اتنی دلچسپ ہے کہ آپ چاہتے ہیں کہ قاری جلد سے جلد اس کا مطالعہ شروع کر دے اور اس سے لطف اندوز ہو۔ نہیں جناب میرا مطلب یہ ہرگز نہیں تھا۔ میں جانتا تھا کہ جو قاری بھی اس کتاب کو پڑھے گا مصنف کی گردن پر ہاتھ ڈالنا چاہے گا۔ اس لئے میں جلد از جلد راستے سے ہٹ جانا چاہتا تھا۔

اب صرف اتنی سی بات رہ گئی کہ تبصرے اس طرح کیوں لکھے جاتے ہیں کہ آپ جیسا سیدھا سادھا قاری اُن کا مطلب نہ سمجھ سکے۔ اس سلسلے میں عرض ہے کہ تبصرے کا یہی اصول ہے۔ اور یہ اصول میں نے نہیں بنایا۔ ایک عرض اور کر دوں کہ جب مرزا صاحب اپنی کتاب میرے پاس تبصرے کے لیے لائے تھے تو ساتھ ہی برفی کا ایک ڈبہ بھی لائے تھے

۱۷

برفی بڑی اعلیٰ قسم کی تھی۔ ہو سکتا ہے کہ اس کی خوشبو نے کتاب کے بارے میں میری رائے میں مداخلت کی ہو۔ آپ تو جانتے ہی ہوں گے کہ اچھے جہیز کے ساتھ ایک معمولی لڑکی ایک اچھی دلہن بن جاتی ہے اور ساس سسر کے علاوہ دلہا میاں کو بھی خوبصورت لگنے لگتی ہے۔ تبصرہ نگاری میں اگر مجھ سے کچھ غلطی ہوئی ہے تو محض برفی کی وجہ سے۔

اُمید ہے اب آپ سمجھ گئے ہوں گے کہ تبصرہ کس طرح پڑھا جاتا ہے۔ یقین مانئے بیس ۲۰ روپے میں یہ سودا مہنگا نہیں ہے۔ پھر بھی اگر آپ سمجھتے ہیں کہ آپ کے ساتھ زیادتی ہوئی ہے تو بندہ معافی کا خواستگار ہے ـــــــــــ

آپ کا خیراندیش
تبصرہ نگار۔

۱۸

ہم جو اپنی شرافت میں مارے گئے

قبرستان کے جس حصے میں میری قبر واقع ہے، وہاں رونق رتی بھر نہیں۔ ہے میری قبر کے ارد گرد بہت سی جگہ خالی پڑی ہوئی ہے۔ لیکن جب بھی کوئی نیا مُردہ قبرستان میں لایا جاتا ہے تو وارثین کی کوشش ہوتی ہے کہ اُسے میرے پڑوس کے بجائے سامنے والے حصے میں دفن کیا جائے جہاں پہلے ہی قبر پر قبر چڑھی ہوئی ہے۔ وجہ یہ بتائی جاتی ہے کہ وہاں بڑے بڑے آدمی دفن ہیں۔ کوئی وزیر ہے تو کوئی کروڑپتی تاجر، کوئی فوج کا جرنیل ہے تو کوئی کمپنی کا چیرمن۔ وارثین سمجھتے ہیں کہ پڑوسیوں کی وجہ سے اُن کے مُردے کی قدر و منزلت بھی بڑھ جائے گی۔ اُردو کے ایک ایسے ادیب کے قریب جو لکھتا بھی طنز و مزاح تھا کون اپنی آرام گاہ بنانا چاہے گا، چاہے وہ اُس کی آخری آرام گاہ ہی کیوں نہ ہو۔

اس تنہائی سے میں بہت پریشان تھا۔ میرا جی چاہتا تھا کہ آس پاس کوئی پڑوسی ہو تو میں بھی کبھی آدھی رات کو اُٹھ کے اُس سے دو باتیں کرسکوں۔ میں نے اکثر کچھ گورکنوں کو کہتے سنا تھا کہ کچھ سالوں میں جب دوسری طرف رش زیادہ ہو جائے گا تو قبرستان کا میرے والا حصہ بھی بس جائے گا۔ لیکن جیسا کہ میرے زمانے کے ایک شاعر نے کہا تھا ؎

کون جیتا ہے تری زلف کے سر ہونے تک

مجھے ٹھیک طرح سے احساس نہیں ہے کہ یہ مصرع یہاں فٹ بیٹھتا ہے یا نہیں۔

اتنے سال قبر میں پڑے رہنے کی وجہ سے میری سمجھ بوجھ میں اب وہ دم خم نہیں رہا جو کبھی تھا۔ ویسے قبر میں پڑا پڑا قیامت کا انتظار تو کر ہی رہا تھا پڑوسیوں کا انتظار کرنے میں کیا قباحت تھی۔ لیکن پتہ نہیں کیوں انتظار میرے خون کا دباؤ ہمیشہ بڑھا دیتا ہے۔ قبر کے باہر بھی اور قبر کے اندر بھی۔

کل اچانک مجھے احساس ہوا کہ میری قبر کے اردگرد خاصا ہنگامہ ہو رہا ہے لگتا تھا کوئی نئی قبر کھودی جا رہی ہے۔ میرا جی چاہا کہ جا کر دیکھوں کون صاحب تشریف لائے ہیں۔ کم از کم یہ تو دیکھوں کہ صاحب ہیں یا صاحبہ۔ لیکن دن کا وقت تھا اس لئے میرا قبر سے نکلنا خطرناک ثابت ہو سکتا تھا۔ ممکن تھا کہ میری اچانک رونمائی سے مردے کے کچھ وارثین وہیں دم توڑ کر قبرستان کی آبادی کے اضافے کی وجہ بن جاتے۔ اس لئے میں چپ چاپ پڑا رہا۔ لیکن رات کو جب میں اپنی قبر سے باہر نکلا تو دیکھا کہ پڑوس واقعی آباد ہو گیا ہے۔ میری قبر کے بالکل بغل میں ایک نئی قبر تھی۔ میں نے اس کا تابوت کھٹکھٹایا تو اس میں سے پروفیسر قسم کا ایک شخص نمودار ہوا۔ میں نے اپنا تعارف کرایا کہ میں آپ کا پڑوسی ہوں۔ میں نے شکایت بھی کی کہ نووارد ہونے کی وجہ سے آپ کا فرض بنتا تھا کہ آپ خود آ کر مجھ سے اپنا تعارف کرواتے۔ کہنے لگا میں آپ کی نیند میں مخل نہیں ہونا چاہتا تھا۔ اور ویسے بھی پڑوسیوں سے خواہ مخواہ ملاقات کرنے کو سوسائٹی کے آداب کے خلاف سمجھا جاتا ہے۔ جس جگہ سے میں آیا ہوں وہاں پڑوسیوں کا نام جاننا بھی آدابِ شرافت کے خلاف سمجھا جاتا ہے۔ میں نے کہا "میرے زمانے میں تو ایسا نہیں ہوتا تھا"۔ کہنے لگے "اس سے ظاہر ہوا کہ آپ بہت پرانے مُردے ہیں، کیونکہ سوسائٹی کے آداب بدلے تو قریب چالیس سال ہو چکے ہیں"۔

میں نے کہا حضور آپ کو وہاں کیوں نہیں دفنایا گیا جہاں بڑے بڑے لوگ

نیند کے مزے لوٹ رہے ہیں۔ کہنے لگے "بنیادی طور پر میں تنہائی پسند ہوں لیکن ایک ضمنی وجہ یہ بھی تھی کہ گورکن اس علاقے کے زیادہ پیسے مانگ رہا تھا۔ میری بیوی کا خیال تھا کہ فضول خرچی کا کوئی فائدہ نہیں ہے۔ میں سمجھ گیا کہ جسے یہ ضمنی وجہ کہہ رہے ہیں وہی اصل میں بنیادی وجہ تھی۔ اس شخص نے جب اپنی زندگی میں اپنے گھر والوں کو نہایت ہی معمولی محلے میں رکھا تھا تو وہ اسے مرنے کے بعد اہلِ ثروت کے کونے میں کیسے بسا سکتے تھے۔

مُردوں کی ایک مشکل ہے کہ جب اکٹھے ہوتے ہیں تو بات کرنے کا کوئی موضوع نہیں ملتا۔ زندہ لوگ اگر اور کچھ نہیں تو گھنٹوں اپنی بیوی کے خلاف بول بول کر وقت گذار لیتے ہیں۔ بچوں کی نااہلی کا شکوہ کر سکتے ہیں ــــ اور اگر کچھ نہ بھی ہو تو حکومتِ وقت کے خلاف رائے زنی کرتے ہوئے وقت گذار لیتے ہیں۔ لیکن مُردوں کو یہ سہولتیں میسر نہیں ہیں۔ جب کوئی حاکم ہی نہیں تو پھر شکوہ کس کا۔ ایک بار مجھے یاد ہے، ایک مُردے نے اِس بات پر پریشانی کا اظہار کیا تھا کہ گو کہ وہ مرنے سے پہلے گھر کی چھت پر بہت سا ایندھن جمع کر آیا تھا۔ لیکن اس کی نالائق بیوی چھت پر جا کر دیکھے گی ہی نہیں اور بازار سے اور ایندھن خرید لائے گی۔ اس پر باقی مُردوں نے اسے بہت ڈانٹا کہ اب اُس کو یہ شکوہ شکایت زیب نہیں دیتا۔ محفل میں جو لوگ حاضر نہیں ہیں ان کے خلاف کچھ کہنا آدابِ محفل کے خلاف ہے۔

زندہ لوگ تو ایک دوسرے کی صحت کے متعلق پوچھتے پوچھتے صبح سے شام کر لیتے ہیں، لیکن مُردے بیچارے یہ بھی نہیں کر سکتے۔ اِس لئے میری سمجھ میں نہیں آ رہا تھا کہ اپنے نئے پڑوسی سے کیا بات کروں۔ آخر میں نے پوچھا "قبرستان تک پہنچنے کے لیے آپ نے کس بیماری کا سہارا لیا تھا؟" کہنے لگے "زکام ہو گیا تھا"۔ میں نے ہنستے ہوئے کہا "حضرت آج پہلی بار سن رہا ہوں کہ کوئی زکام سے مر گیا ہو"۔ کہنے لگے:

۲۱

درحقیقت میں کبھی زکام سے نہیں مرا۔ میری موت تیمار داری سے واقع ہوئی۔" اس نئی بیماری کا نام سُن کر میں نے گذارش کی کہ وضاحت فرمایئے۔ اب وہ آلتی پالتی مار کر اپنی قبر کے اوپر بیٹھ گئے اور یوں گویا ہوئے:

"میں زندگی بھر صحت مند اور چاق وچو بند رہا۔ اس سے میری بیوی اکثر ناراض رہتی تھی کہ جب ہم رشتہ داروں اور دوستوں کی تیمار داری کے سلسلے میں منوں سنگترے کیلے اور موسمیاں ان کے گھر پہنچا چکے ہیں تو ہمارے گھر فروٹ کیوں نہیں آتا۔ اور اس نے مجھ پر الزام رکھا کہ ان کے ساتھ یہ زیادتی میری اچھی صحت کی وجہ سے ہو رہی ہے۔ میں نے کہا تو خود کیوں نہیں چند دنوں کے لئے بیمار ہو جاتی۔" کہنے لگی تمہیں فروٹ وصول کرنا بھی تو نہیں آتا۔"

"پھر ایک دن کرنا خدا کا کیا ہوا کہ مجھے زکام ہو گیا۔ میری بیوی نے اُسے اپنی دعاؤں کا نتیجہ سمجھا۔ دن رات رشتہ داروں اور دوستوں کو ٹیلی فون اور ڈاک کے ذریعہ اطلاع دیتی رہی اور اس طرح گھر میں لوگوں کا تانتا بندھ گیا۔ ہمیں کیا پتہ تھا کہ فروٹ کے ساتھ ساتھ لوگ میرے لئے علاج بھی تجویز کریں گے۔ شروعات ہی ہمارے لئے نہایت خطرناک ثابت ہوئی۔ میری بیٹی کے خسر آئے اور کہنے لگے۔ زکام کا بہترین علاج کیکر کے چھال کی چائے ہے۔ میرا خیال تھا کہ وہ مشورہ دیکر چلے جائیں گے لیکن وہ بضد تھے کہ چھال ابھی منگوائی جائے اور ان کے سامنے چائے بنا کر پی جائے۔ چنانچہ انہوں نے چھال منگوائی۔ میں نے گذارش کی کہ میں بہت دوائیں پہلے ہی پی چکا ہوں۔ کہنے لگے دیسی دواؤں کا کمال یہ ہے کہ وہ اگر فائدہ نہ بھی کریں، نقصان ہرگز نہیں کرتیں۔ میں نے کہا" لیکن میں نے

ابھی ابھی چائے پی ہے۔ کہنے لگے اُس چائے اور اِس چائے میں فرق ہے۔ وہ پیٹ بھرنے کیلئے تھی یہ بیماری دور کرنے کے لئے ہے۔ مجبوراً چائے کا ایک گھونٹ میں نے گلے کے اندر انڈیلا اور پھر بیوی کے کان میں کہا کہ چائے انتہائی کڑوی ہے میں کسی حالت میں نہیں پیوں گا۔ وہ کہنے لگی ہمارا اِن کے ساتھ بڑا نازک رشتہ ہے۔ پی جائیے ورنہ ہماری بیٹی کو ہمارے گھر میں بٹھا دیں گے۔ چنانچہ میں چائے پی گیا۔ اب تک تو مجھے زکام تھا اب گردے میں درد بھی ہونے لگا۔ اس کے بعد میں نے بہو کے چچا کی خوشی یا ڈر کی وجہ سے جوشاندہ پیا۔ اپنے ماموں کو خوش کرنے کے لئے سرخ مرچوں کا دھواں آدھ گھنٹے تک لیا۔ اپنے بیٹے کے افسر کی ناراضگی کے ڈر سے سر پر مٹی کے تیل کی مالش کی۔ اپنے ایک عزیز دوست کو خوش کرنے کے لئے نوشادر پیس کر پھانکا۔ ان سب کا نتیجہ یہ ہوا کہ زکام تو اپنی جگہ قائم رہا لیکن مجھے گردے کا درد ہو گیا۔ پتھری ہو گئی۔ جوڑوں میں درد ہونے لگا۔ نبض کی رفتار دھیمی پڑ گئی اور دماغ میں خشکی ہو گئی۔ مطلب یہ کہ میری ننھی سی جان پر وہ آفتیں نازل ہوئیں کہ خدا کی پناہ۔ اِن حالات میں میری جان نکلی نہیں بلکہ میری روح میرے جسم سے جان چھڑا کر بھاگی اور میں نے مرنے کے بعد سُکھ کا سانس لیا۔"

میں نے پروفیسر کی بات سن کر کہا:

"مجھے یقین ہے کہ آپ کے وفات پانے کے بعد گھر کے لوگوں، رشتہ داروں اور دوستوں کو خاصا افسوس ہوا ہوگا کہ اُن کے مشوروں پر عمل کرنے کی وجہ سے آپ کی جان گئی۔"

کہنے لگے: "پیچھے کیا ہو رہا ہے اس کا تو مجھے علم نہیں کیونکہ میں تو اِدھر آ گیا ہوں

۲۲

میں نے کچھ رشتہ داروں کو آنسو بہاتے تو دیکھا تھا لیکن اس کا اندازہ نہ ہو سکا کہ وہ دنیا داری کے آنسو تھے یا وفاداری کے۔"

میں نے پروفیسر مذکور سے کہا کہ اُسے گھر جاکر دیکھنا چاہئے کہ اُس کی موت کے بارے میں اُس کے رشتہ داروں اور دوستوں کا رویہ کیا ہے۔ پوچھنے لگا "کیا یہ ممکن ہے" میں نے کہا" آپ اپنی موجودہ شکل وصورت میں گھر تو نہیں جاسکتے ہاں' البتہ آپ کی روح کو بھیج کر پتہ لگایا جاسکتا ہے۔"

چنانچہ روح کو مناسب ہدایات دیکر پروفیسر کے گھر روانہ کیا گیا۔ واپسی پر اُس نے رپورٹ دی کہ ٹھیک طرح سے یہ تو معلوم نہ ہو سکا کہ رشتہ داروں کا پروفیسر کی موت کے بارے میں رویہ کیا ہے۔ کیونکہ لوگ رو بھی رہے تھے اور حلوہ بھی کھا رہے تھے، لیکن ایک بات کی بڑی چرچا تھی کہ پروفیسر نے اپنی زندگی میں کسی دوست یا رشتہ دار کا دل نہیں دُکھایا۔ جو کچھ بھی اُسے کہا گیا' وہ اس نے کر دکھایا' چاہے اس میں جان جانے کا خطرہ رہا ہو۔ میں نے پروفیسر کو سمجھایا کہ یہ جملہ ایک طرح سے اقرارِ جُرم تھا۔ لیکن اس جرم کی سزا خود اُسے ہی بھگتنی ہے اور کسی کو نہیں۔ پروفیسر کہنے لگا "جو ہو گیا سو ہو گیا۔ اس پر کفِ افسوس ملنے سے کچھ فائدہ نہیں' لیکن اگر ممکن ہو تو میں چاہوں گا کہ اپنی وصیت کے ذریعہ اپنی قبر پر لکھے جانے والے کتبے کی عبارت خود تجویز کر سکوں۔" میں نے پوچھا "کیا آپ کو ہجے یا گرامر کی غلطی کا شک ہے،" کہنے لگا وہ تو نہیں البتہ یہ خواہش ضرور ہے کہ جو کچھ لکھا جائے وہ حسبِ حال ہو۔ پروفیسر کی روح نے یقین دلایا کہ اِس کا انتظام کیا جاسکتا ہے۔ اُسے عبارت لکھ کر دی جائے وہ اُسے پروفیسر کی بیوی کے بنک لاکر میں رکھوا دے گی۔" پروفیسر نے اپنی قبر پر لکھے جانے والے کتبے کی جو عبارت تجویز کی وہ مندرجہ ذیل تھی:

" پروفیسر خدا بخش ایم۔اے' پی ایچ ڈی ——— وہ جو اپنی شرافت میں مارا گیا۔"

۲۴

ہدایت نامہ مصنّفین

میرا خیال تھا کہ ہندوستان میں سب سے آسان کام بچے پیدا کرنا ہے کیونکہ یہاں ان لوگوں کے بچے بھی ہیں جن کی ابھی عقل داڑھ نہیں نکلی۔ (اگر نکلی ہوتی تو شاید وہ اس کام میں سمجھ بوجھ سے کام لیتے) لیکن کچھ عرصہ سے مجھے محسوس ہو رہا ہے کہ بچے پیدا کرنے سے بھی زیادہ آسان کام اُردو میں کتاب پیدا کرنا ہے۔ ہر روز ڈاک سے مجھے کم از کم دو کتابیں وصول ہوتی ہیں جنھیں دیکھ کر پتہ چلتا ہے کہ ایسے ایسے مرد اور عورتیں مصنف بنتے جا رہے ہیں، جن کی عقل داڑھ تو کیا چہرے پر مونچھ تک نہیں نکلی (میں مردوں کی بات کر رہا ہوں۔)

کہا جاتا ہے کہ کتابوں کی اس افراط کی ذمہ دار اُردو اکیڈمیاں ہیں۔ کیونکہ یہ سب کچھ ان کی جُزوی اِمداد سے ہو رہا ہے۔

اولاد کے پیدا کرنے میں کسی زمانے میں دائی اور آج کل میٹرنیٹی ہوم کی جزوی اِمداد شامل ہوتی ہے۔ لیکن اِس جزوی اِمداد کی ضرورت اس وقت محسوس کی جاتی ہے جب ماں باپ بہت سا کام خود کر چکے ہوتے ہیں۔ لیکن اُردو اکیڈمیوں کی جُزوی اِمداد تو ایک طرح کا بیج ہے جو ایک ادیب کو صاحبِ اولاد بننے کی ترغیب دیتا ہے۔

نہ جانے اکیڈمیوں کو نابالغ لوگوں کو صاحبِ اولاد بنانے میں کیا مزہ آتا ہے لیکن اس میں کچھ ہے ضرور، کیونکہ میرے اندازے کے مطابق اس وقت اُردو کتابوں

کی مجموعی تعداد اُردو پڑھنے والوں کی مجموعی تعداد سے کہیں زیادہ ہے۔

سمجھدار لوگوں کا کہنا ہے کہ اکیڈمیوں کو جزوی امداد کی درخواست دیتے وقت اگر سمجھ بوجھ سے کام لیا جائے تو نہ صرف ایک کتاب چھپ سکتی ہے، بلکہ صاحب کتاب کا تن ڈھانپنے کے لئے ایک پتلون بھی سِل سکتی ہے۔ ہمیں اس کام کا ابھی تک کچھ ذاتی تجربہ نہیں۔ لیکن اگر یہ صحیح ہے تو ہم اکیڈمیوں کے کام کی سراہنا کرتے ہیں کہ وہ ادیبوں کے تن ڈھانپنے کا ایک نیک کام کر رہی ہیں لیکن اس ادیب کی کتاب چھپوا کر اسے ننگا کرنے میں انہیں کیا لذت نصیب ہوتی ہے، اس کا ہمیں علم نہیں۔

کچھ پیشہ ور نقاد اور کچھ بھلے مانس ادیب دیباچے، پیش لفظ اور کتاب کی جیکٹ پر رائے لکھ کر مصنف کی عریانی کو ڈھانپنے کی کوشش کرتے ہیں۔ لیکن اس کا کیا کیا جائے کہ بعض اوقات یہ دیباچے اور یہ پیش لفظ مصنف کے ساتھ ان نقادوں اور ادیبوں کو بھی عریاں کر دیتے ہیں۔

میں عرض کر چکا ہوں کہ اُردو میں چھپی ہوئی کتابوں کی تعداد اُردو پڑھنے والوں سے تجاوز کر گئی ہے۔ نتیجہ یہ ہے کہ کتاب کے خریدار ملنے مشکل ہو گئے ہیں۔ لیکن یہ کوئی حوصلہ شکن بات نہیں ہے۔ کتاب کو "تحفتہً" لینے کے لئے دوسرے ادیب ہر دم تیار رہتے ہیں۔ ایک مصنف جب دوسرے مصنف کو اپنی کتاب پیش کرتا ہے تو یہ رسم دیکھنے کے لائق ہوتی ہے۔ تحفہ لینے والا کتاب کو دونوں ہاتھوں میں تھام کر آنکھوں تک لے جاتا ہے۔ مصنف کو محسوس ہوتا ہے کہ تحفہ لینے والا کتاب کو آنکھوں کا بوسہ دے رہا ہے۔ لیکن حقیقتاً تحفہ لینے والا کتاب کے وزن کا تخمینہ کر رہا ہوتا ہے۔ وہ جانتا ہے کہ ردی کا بھاؤ آج کل تین روپے کلو ہے۔ بھاری کتاب کو دل و جان سے قبول کیا جاتا ہے کتاب کی جیکٹ پر جب ناقد

لکھتا ہے کہ یہ کتاب ہاتھوں ہاتھ لی جائے گی تو یونہی جھوٹ نہیں لکھتا۔

میں مصنفین کے اس بڑھتے ہوئے سیلاب کو روکنا نہیں چاہتا۔ صرف اتنا چاہتا ہوں کہ مصنف بننے سے پہلے ادیب اگر اس کام کی تھوڑی بہت ٹریننگ لے لیں تو اس میں کوئی حرج کی بات نہیں۔ اسی بات کو ذہن میں رکھ کر میں یہ ہدایت نامہ لکھ رہا ہوں۔ میں نئے مصنفین سے درخواست کروں گا کہ مصنف بننے سے پہلے اس ہدایت نامہ کو پڑھ لیں۔ جب بڑھئی یا لوہار اپنا اپنا کام ٹریننگ لئے بغیر شروع نہیں کرتے تو پھر میری دانست میں مصنف بننے سے پہلے ذرا سی ٹریننگ لینے میں کیا مضائقہ ہے۔ ہونے والے ماں باپ بھی بازار سے خرید کر یا پڑوسی سے مانگ کر ایک بے بی بک ضرور پڑھ لیتے ہیں۔

میری دانست میں اردو میں آج تک کل دو ہدایت نامے لکھے گئے ہیں۔ ایک ہدایت نامہ خاوند اور دوسرا ہدایت نامہ بیوی۔ اور میں نے سنا ہے کہ ہدایت نامہ خاوند کو بیویاں اور ہدایت نامہ بیوی کو خاوند لوگ مزے اور لحاف لے کر پڑھتے ہیں اور ظاہر ہے کہ ان پر عمل نہیں کرتے۔ میں امید کرتا ہوں کہ میرے ہدایت نامہ کو مصنف بننے کا ہر امیدوار بلا تفریق جنس پڑھے گا اور اس پر عمل کرے گا۔ اتنا عرض کر دوں کہ یہ ہدایت نامہ پڑھتے وقت قاری کو لحاف اوڑھنے کی ضرورت نہیں ہے۔

اس ہدایت نامہ کی خاطر میں ادب کو دو حصوں میں تقسیم کروں گا۔ تنقیدی اور تخلیقی۔ تخلیقی کام قدرے مشکل ہوتا ہے اس لئے میں اس کا ذکر بعد میں کروں گا۔ پہلے تنقیدی حصے سے نپٹ لیں۔

تنقیدی ادب کا مصنف بننے کے لئے یوں تو کسی خصوصی قابلیت کی ضرورت نہیں لیکن اردو میں ایم۔ اے ہونا مفید ثابت ہو سکتا ہے۔ اردو میں ایم۔ اے کرنا کوئی مشکل کام نہیں ہے۔ ویسے بھی اردو میں ایم اے عام طور پر وہی کرتے ہیں

جنھیں دوسرے مضامین شرفِ قبولیت نہیں بخشتے۔ اگر آپ کو اُردو میں بہت زیادہ لوگ ایم ۔اے کرتے ہوئے دکھائی نہیں دیتے تو اس کی وجہ یہ ہے کہ ایم ۔اے میں داخلہ لینے کے لئے بی ۔اے پاس ہونا ضروری ہے۔ اگر یہ شرط ہٹا دی جائے تو مجھے یقین ہے کہ دودھ پیتے بچے اُردو میں ایم ۔اے کرتے ہوئے نظر آئیں گے۔

اگر آپ اُردو میں ایم ۔اے نہیں ہیں تو بھی کوئی مضائقہ نہیں آپ پھر بھی تنقیدی کتاب کے مصنف بن سکتے ہیں۔ آپ کو یہ جان کر خوشی ہو گی کہ تنقیدی کتابوں کو صرف تنقید نگار ہی پڑھتے ہیں دوسرا کوئی نہیں۔ اس لئے آپ کچھ بھی لکھ دیں گے تو چل جائے گا۔ یوں بھی تنقید نگار کا کام عام طور پر تخلیق کام میں نقص نکالنا ہوتا ہے۔ نقص نکالنا کچھ اتنا مشکل کام نہیں جتنا سمجھا جاتا ہے۔ آپ نے اگر کسی عورت کو دال میں کنکر چنتے دیکھا ہو تو آپ جانتے ہوں گے کہ وہ صاف ستھری دال کو اِدھر اُدھر کرتی ہوئی ایک آدھ کنکر نکال ہی لیتی ہے۔ جب وہ صاف ستھری دال میں سے کنکر نکال سکتی ہے تو آپ اچھے بھلے شعر میں نقص کیوں نہیں نکال سکتے۔ مجھے یاد ہے ایک دفعہ میں اپنے ایک دوست کے ساتھ امیر خسرو کا کلام پڑھ رہا تھا۔ خسرو کا دوہا ہے۔

گوری سوئے سیج پر مکھ پر ڈارے کیس
چل خسرو گھر اپنے، سانجھ بھئی چودیس

میں نے تو خسرو کو والہانہ داد دی لیکن میرے دوست گہری سوچ میں کھو گئے۔ میں نے پوچھا "کیا ہوا" کہنے لگے "سوچ رہا ہوں دوہے میں کہیں گڑبڑ ہے۔ دیکھئے نا گوری اگر سیج پر سوئی ہوئی ہے تو اس کے کیس تو اس کے گردن کے پیچھے پیٹھ کے نیچے اور بستر پر ہوں گے۔ مکھ پر کیسے آ گئے۔" میں نے کہا "ہو سکتا ہے اُس نے خود ہی مکھ پر بکھرلئے ہوں۔" کہنے لگے ایسا کرنے سے بال ناک میں گھسیں گے اور چھینکیں آئیں گی۔ اس لئے

وہ جان بوجھ کر ایسا نہیں کرے گی۔" میں تھوڑا سا گرم ہو کر بولا "تو آپ کیا امیر خسرو کو گھٹیا شاعر سمجھتے ہیں؟" کہنے لگے "فی الحال تو میں ایسا نہیں کہوں گا۔ البتہ دوہے میں کچھ گڑ بڑ ضرور ہے" پھر ایک دم چہک کر بولے ۔" ارے صاحب ساری گڑبڑ تو کاتب نے کی ہے سیدھی سی تو بات ہے ۔خسرو نے لکھا ہوگا "گوری سوئے سیج پر مکھ پر ڈالے کھیس" کیونکہ کھیس سوئے ہوئے لوگوں کو ہلکی سردی سے بچاتا ہے ۔اور کاتب نے کھیس کو کیس کر دیا ہوگا۔" میں سمجھ گیا کہ کاتب کی غلطی کی وجہ سے ہی سہی ادب میں ایک تنقید نگار کا اضافہ ہو گیا ہے ۔

چند سال پہلے کی بات ہے میں نے ایک رسالہ میں ایک مضمون پڑھا تھا. جس میں ایک ناقد نے ساحر لدھیانوی کو بڑی ڈانٹ پلائی تھی۔ساحر نے ایک نظم میں اپنی محبوبہ سے کہہ دیا تھا کہ مجھے تاج محل کے پاس نہیں بلکہ کہیں اور ملا کرو۔ ناقد نے قریب چوبیس صفحوں کے ایک مضمون میں اُس کو خوب کھری کھری سنائی کہ کیوں بھائی تمہیں تاج محل کے پاس ملنے میں کیا تکلیف ہے کہتے ہیں ساحر نے ناقد کے بہت ہاتھ پاؤں جوڑے اور کہا کہ حضور میں نے تو یوں ہی لکھ دیا تھا. آپ لڑکی سے ملنے کا انتظام کروا دیجئے جہاں آپ کہیں گے وہیں ملنے آ جایا کروں گا۔لیکن ناقد بار بار یہی کہتا تھا کہ تم نے پہلے تاج محل کے پاس ملنے سے انکار کیوں کیا۔

آپ اگر اسی طرح دن میں چار شاعروں کو بھی ڈانٹ پلا دیں تو ہفتے دس دن میں ایک کتاب آسانی سے تیار ہو سکتی ہے ۔

آپ کی کتاب بکے نہ بکے ۔اس کو کوئی پڑھے یا نہ پڑھے ۔ناقد بننے سے آپ کا رتبہ ادب میں بہت بلند ہو جاتا ہے۔کیونکہ کسی کتاب کی رسم اجرا یا اور کسی ادیب کے مرنے کے بعد جو جلسے ہوتے ہیں ان میں ناقد کی تقریر ضروری سمجھی جاتی ہے ۔ادیب کے مرنے کے بعد ناقد جو تقریر کرتا ہے اس میں مرنے والے کی خوبیوں پر روشنی ڈالی جاتی ہے

اس تقریر کو سن کر اکثر لوگ حیران ہوتے ہیں کہ یہی ناقد تو ادیب کی زندگی میں اس کے نقص نکالا کرتا تھا۔ اب اسے کیا ہو گیا۔ اُن کو یہ معلوم نہیں کہ اگر دال میں ناموجود کنکر تلاش کیے جا سکتے ہیں تو انہی کنکروں کو موقع کی مناسبت سے نظر انداز بھی کیا جا سکتا ہے۔

اب ہم تخلیقی ادب کی طرف آتے ہیں۔

اس ہدایت نامہ کے لئے ہم نے تخلیقی ادب کو دو حصوں میں تقسیم کیا ہے۔ شعری ادب اور نثری ادب ۔ شعری ادب تین طرح کا ہوتا ہے۔

(۱) پابند شاعری (۲) آزاد نظم (۳) نثری نظم

پابند شاعری : اگر آپ شاعر بننے پر تل ہی گئے ہیں تو پابند شاعری کیجیے۔ کیونکہ یہ شاعری سب سے آسان ہے۔ مشکل اس میں صرف یہ ہے کہ اس میں وزن کا لحاظ رکھنا پڑتا ہے اور اس میں گڑبڑ ہونے کا اندیشہ رہتا ہے۔ میں سمجھتا ہوں اس سے ڈرنے کی ہرگز ضرورت نہیں وزن جب بنیے کے ترازو سے غائب ہو گیا ہے تو شاعری پر یہ پابندی کیوں۔ آسانی پابند شاعری میں یہ ہے کہ سارا سامان بنا بنایا مل جاتا ہے۔ قافیے اور ردیف تیار مل جاتے ہیں۔ معشوق کے جسم کے کون کون سے پرزے حسین ہیں۔ وصل میں مزا کیوں ہے اور ہجر میں تکلیف کیوں ہوتی ہے۔ یہ سارے فیصلے اساتذہ پہلے ہی کر چکے ہیں۔ آپ نے اس سامان کو صرف آگے پیچھے یا نیچے اوپر کرنا ہے۔ نہ سمجھے ہوں تو کسی عورت سے پوچھیے کہ پرانی ساڑی میں سے غرارہ کیسے بنایا جاتا ہے۔ یا کُرتے میں سے بلاؤز کیسے نکلتا ہے۔ آپ پابند شاعری کے تمام رموز سے واقف ہو جائیں گے۔

آزاد نظم : شروع شروع میں آزاد نظم اُس نظم کو کہتے تھے جس میں ردیف و قافیہ یا وزن کی قید نہ ہو۔ آج کل اُس کو کہتے ہیں جو سمجھ میں نہ آئے اور

کمال یہ ہے کہ شاعر خود اس بات پر فخر کرتے ہیں کہ ان کی شاعری میں پیچ وخم اس قدر زیادہ ہیں کہ قاری کا پورا وجود ان میں اُلجھ کر رہ جاتا ہے۔ وہ کہتے ہیں کہ اگر ہمارے اشعار میں معنی نہیں ہیں تو نہ سہی لیکن میں سمجھتا ہوں کہ وہ بس کہتے ہی ہیں دل ہی دل میں وہ سوچتے ہیں کہ نظم تو لکھیں کوئی سر پھرا ناقد اس کا کچھ نہ کچھ مطلب نکال ہی لے گا۔ مرزا غالب کا ایک شعر ہے۔

نہ ستائش کی تمنا ہے نہ صلے کی پرواہ
گر نہیں میرے اشعار میں معنی نہ سہی

مجھے بی۔ اے۔ کے امتحان میں غالب کا "نقش فریادی" والا شعر تشریح کیلئے دیا گیا۔ میں نے صاف صاف لکھ دیا کہ شعر میں معنی تلاش کرنا بے سود ہے۔ کیونکہ خود مرزا نے کہا ہے کہ میرے اشعار میں معنی نہیں ہیں۔ پروفیسر تلوک چند محروم نے جو میرے ممتحن تھے، میرے پرچے پر لکھ دیا کہ شعر میں معنی تلاش کیجئے ورنہ ہم سمجھیں گے کہ آپ کو صلے کی پرواہ نہیں ہے اس لئے ہم آپ کو زیرو نمبر دے رہے ہیں۔

نثری نظم: شاعری کی یہ قسم ابھی تک خود ہماری سمجھ میں نہیں آئی۔ آپ کو کیا سمجھائیں۔ ہم تو سمجھتے ہیں کہ اگر کوئی چیز نثر ہے تو نظم نہیں ہے اور اگر نظم ہے تو نثر نہیں ہے۔ پھر نثری نظم کیا چیز ہے۔ آخر تھک ہار کر اپنے آپ کو سمجھایا ہے کہ اگر کوئی باپ اپنے ناخلف اور اُلّو کے پٹھے بچے کو فرزندِ ارجمند کہنے پر تُل جائے تو ہم اس کا کیا بگاڑ لیں گے۔

آیئے اب نثری ادب پر کچھ بحث ہو جائے۔

نثری ادب کی سب سے اہم صنف ہے افسانہ۔ کسی زمانے میں افسانے کا مطلب کہانی ہوتا تھا۔ وہی کہانی جو آپ دادی اور نانی سے سنتے آئے ہیں۔ آج کل افسانے کا مطلب حساب کا سوال ہوتا ہے۔ جسے حل کرنے کے لئے ایک

فارمولے کی ضرورت ہوتی ہے۔ مصنف کو آسانی یہ ہے کہ اسے ممتحن کی طرح سوال لکھ دینا ہے اُس کا جواب کیا ہے یہ اُسے خود معلوم نہیں۔ وہ فارمولا بھی نہیں جانتا جس سے وہ سوال حل کیا جاسکے۔ مثال کے طور پر مُولی کا افسانے میں مطلب عورت بھی ہو سکتا ہے اور ترکاری بھی۔ میں سمجھتا ہوں یہ صورتِ حال نئے افسانہ نگاروں کے لئے بڑی مفید ثابت ہو سکتی ہے۔ ایک مرتبہ مجھ سے کسی نے سوال کیا تھا جو کچھ اس طرح تھا۔

"ایک پہاڑ کے پاس ایک درخت تھا جس پر کچھ چڑیاں بیٹھی تھیں۔ ایک شکاری نے بندوق سے کچھ چڑیاں مار دیں۔ کیا آپ بتا سکتے ہیں کہ پہاڑ درخت سے کتنی دوری پر جا کر گرا"

میں نے جواب دیا کہ جناب نہیں معلوم آپ ہی بتا دیجئے۔ کہنے لگے:

"اگر ہمیں پتہ ہوتا تو ہم آپ سے کیوں پوچھتے"

مجھے یقین ہے کہ اگر آپ اس سوال کو ذہن میں رکھیں تو آسانی سے جدید افسانہ نگار بن سکتے ہیں۔

مزاح نگاری: یہ نثری ادب کی دوسری صنف ہے۔ ویسے تو مزاح نگار بننا کچھ مشکل کام نہیں کیونکہ ہمارے سیاسی رہنما اور سرکاری ملازم گئے دن ہمیں اپنے اوپر ہنسنے کے بے شمار مواقع بہم پہنچاتے رہتے ہیں۔ اور کچھ نہ ہو تو آپ گھر کی بیگم کو تختۂ مشق بنا سکتے ہیں۔ لیکن آج کل مزاح نگاری کی سند لینے کے لئے حیدرآباد کا ایک چکر لگانا ضروری ہو گیا ہے۔ بلکہ اگر آپ یہ ثابت کر سکیں کہ آپ پیدا ہی حیدرآباد میں ہوئے تھے تو آپ کے مزاح نگار بننے میں اور آسانی ہو جائے گی۔ برتن چاہے کہیں بھی بنے اس پر مرادآباد کی مُہر لگ جائے تو اُس کا بکنا آسان ہو جاتا ہے۔

سفر نامہ: یہ نثری ادب کی جدید ترین صنف ہے۔ یوں تو اس کے لکھنے کیلئے

۳۲

ایک سفر کرنا ضروری ہے۔ لیکن اگر آپ اسکے اہل نہیں ہیں کہ کوئی آپکو یورپ یا امریکہ سے فری ٹکٹ بھجوائے تو ہم آپ کو ایسے ہتھکنڈے بھی بتا سکتے ہیں کہ آپ گھر بیٹھے سفرنامہ تصنیف کر سکتے ہیں۔ اتنا تو آپ جانتے ہوں گے کہ ہر ہدایت نامہ کے ساتھ ایک سربمہر لفافہ منسلک ہوتا ہے۔ جس میں کچھ خفیہ ہدایات درج ہوتی ہیں۔۔ جو صرف اس کے نصیب میں آتی ہیں جو وہ کتاب خریدتا ہے۔ سفرنامہ لکھنے کے لئے ہماری ہدایات بھی ایک سربمہر لفافے میں بند ہیں۔ اگر آپ میں سے کوئی صاحب وہ ہدایات پڑھنے کے خواہش مند ہوں تو ہمیں منی آرڈر بھیجئے لفافہ آپ کو بذریعہ رجسٹری بھجوا دیا جائے گا۔

۴۳

جن کی واپسی

ایک کباڑی جو میرے ہاں ردّی خریدنے کے لئے آیا تھا غلطی سے میرے آنگن میں ایک ٹوٹا ہوا چراغ بھول گیا۔ میں نے اُسے باہر پھینکنے کی غرض سے جو ہاتھ لگایا تو اس میں سے دھوئیں کا ایک بادل اُمڈ آیا جس نے آہستہ آہستہ ایک جن کی صورت اختیار کر لی اور مجھ سے یوں مخاطب ہوا۔

"بول کیا مانگتا ہے۔"

میں نے کہا حضور ایک تو آپ اُردو غلط بول رہے ہیں۔ اگر کسی اہلِ زبان نے سُن لیا تو خواہ مخواہ لفڑا ہو جائے گا۔ اور دوسرے یہ کہ میں کوئی بھکاری نہیں ہوں جو کسی سے کچھ مانگوں۔ میں محنت مزدوری کر کے گذارا کرنے والا آدمی ہوں۔ جن کہنے لگا:

"یہ سب کچھ چراغ کو ہاتھ لگانے سے پہلے سوچنا تھا۔ اب جب تو مجھے بلا ہی بیٹھا ہے تو کچھ نہ کچھ مانگنا ہی پڑے گا۔"

میں نے کہا "حضور پھر کبھی سہی۔" جن کہنے لگا:

"کیا میں کوئی سرکاری کلرک ہوں جو فائیل کو پینڈنگ رکھ لوں۔ مجھے ابھی اسی وقت تیرے لئے کچھ نہ کچھ کرنا پڑے گا۔ بول کیا کروں۔ اگر چاہے تو میں تجھے منسٹر بنا سکتا ہوں۔"

میں نے کہا "مجھ سے منسٹری کیسے ہوگی۔ حکومت کو چلانا کوئی معمولی کام تو ہے نہیں۔" جن ہنسا اور کہنے لگا:

"اے بھولے انسان، حکومتیں کیا منسٹر چلاتے ہیں۔ منسٹر تو فقط اس لئے بنائے جاتے ہیں کہ اپنے چند رشتہ داروں اور دوست یاروں کی زندگی میں رنگ بھر سکیں۔"

میں نے کہا "اگر یہ بات ہے تو پھر حکومت چل کیسے رہی ہے۔" کہنے لگا:

"یہ کسی پیر فقیر کی دعا سے چل رہی ہے۔ جس کا اتا پتہ مجھے بھی معلوم نہیں۔"

میرے نزنہ کہنے پر بھی جن نے کچھ ایسا چکر چلایا کہ میں نے اپنے آپ کو ایک گردش میں پایا۔ جب مجھے ہوش آیا تو میں نے دیکھا کہ میں راشٹرپتی بھون میں بطور وزیر تعلیم حلف لے رہا ہوں۔

راشٹرپتی بھون سے اپنی کوٹھی کی طرف آتے ہوئے میں نے دل ہی دل میں فیصلہ کر لیا کہ اگر قسمت نے مجھے کلرکی کی کرسی سے اُٹھا کر وزارت کی کرسی پر بٹھا ہی دیا ہے تو میں پورے انصاف سے حکومت کروں گا۔ کسی نااہل رشتہ دار یا ناکارہ دوست کی ہرگز مدد نہیں کروں گا۔ میرا انصاف عدلِ جہانگیری ہوگا۔ اس چکر میں چاہے میری بیوی کو جیل کی چکی ہی کیوں نہ پیسنی پڑے۔ آخر وہ گھر میں بھی تو پیس ہی رہی ہے۔

گھر پہنچ کر میں نے کاغذ قلم ہاتھ میں لیا اور ایک لسٹ بنانا شروع کی کہ بطور منسٹر یہ کروں گا اور یہ نہیں کروں گا۔ بسم اللہ یہ لکھ کر کی کہ کسی نااہل کی مدد نہیں کروں گا۔ ابھی یہاں تک ہی لکھنے پایا تھا کہ دیکھتا ہوں نگینہ صاحب دروازے سے تشریف لا رہے ہیں۔ نگینہ صاحب میرے کافی ہاؤس کے دوستوں میں سے ہیں ــــ ویسے تو ہم انہیں شاعر کہتے ہیں لیکن جو شعر وہ لکھتے ہیں وہ ایسے ہوتے ہیں کہ انہیں سن کر اکثر لوگوں کے کان کی لویں سُرخ ہو جاتی ہیں۔ ایسے شعر آپ عورتوں کو ہرگز نہیں سُنا سکتے۔ اس لئے ہم سب مرد لوگ ان کے شعر سُنتے اور پھر بعد میں الگ الگ اپنی بیویوں کو سُناتے تھے۔

نگینہ صاحب مجھے دیکھتے ہی بغل گیر ہو گئے اور کہنے لگے "مبارک ہو،

آج کے اخبار میں تمہارے وزیر بننے کی خبر پڑھ کر میری باچھیں کھل گئیں"۔ مجھے نگینہ صاحب کی بات پر رتی برابر شک نہیں تھا کیونکہ ان کی باچھیں ابھی تک کھلی ہوئی تھیں۔ اور سچی بات یہ ہے کہ اتنی کھلی ہوئی باچھیں میں نے اپنی زندگی میں پہلے کبھی نہیں دیکھی تھیں۔

نگینہ صاحب کہنے لگے کہ اگر خدا نے تمہیں وزیر بنا ہی دیا ہے تو بھائی غیر جانب داری سے کام کرنا۔ نہ کاہوں سے دوستی نہ کاہوں سے بیر۔ اس سلسلے میں میں تمہیں یقین دلانا چاہتا ہوں کہ کم از کم میں تم سے کبھی کوئی فائدہ اٹھانے کی کوئی کوشش نہیں کروں گا۔ میں دل ہی دل میں خوش ہوا کہ نگینہ صاحب وہی کہہ رہے ہیں جو میں چاہتا ہوں۔

کچھ دیر بعد نگینہ صاحب کہنے لگے کہ آج ایک نظم ہوئی ہے جو میں تمہیں سنانے کے لئے حاضر ہوا ہوں۔ میں نے کہا آپ کی نظم سننا میری موجودہ پوزیشن میں کچھ مشکل سا ہو گیا ہے۔ ہنس کر کہنے لگے " ویسی نہیں ہے اور سچی بات یہ ہے کہ یہ نظم میں نے خود نہیں لکھی کسی غیبی طاقت نے مجھ سے لکھوائی ہے "۔

نگینہ صاحب کی نظم میں میری شخصیت کی بڑائی کے بارے کچھ ایسی باتیں تھیں جن سے میں بالکل واقف نہیں تھا۔ نظم میں ایک شعر ایسا بھی تھا جسے سن کر میں پانی پانی ہو گیا۔ نگینہ صاحب نے کہا تھا:

میں تجھے اکبر اعظم کی طرح مانتا ہوں
تو سکندر ہے میرے عہد کا میں جانتا ہوں

میں نے شرما کر کہا نگینہ صاحب آپ کچھ مبالغہ آمیزی سے کام لے رہے ہیں اور ویسے بھی جمہوریت کے اس دور میں سکندر ثانی کا پیدا ہونا کچھ مشکل سا ہو گیا ہے کیونکہ کسی دوسرے ملک کو فتح کرنا تو کجا، دوسرے ملک میں گھسنے کے لئے پاسپورٹ اور ویزا کی ضرورت ہوتی ہے۔ اور پھر تلوار ہاتھ میں لے کر سفر کرنے پر

آج کل سخت پابندی ہے۔ پر نگینہ صاحب میری کہاں سننے والے تھے۔ کہنے لگے نگینہ نے زندگی بھر کبھی جھوٹ نہیں بولا۔ لوگ اگر تمہاری عظمت سے آگاہ نہیں ہیں تو محض اس لئے کہ ان کے پاس نگینہ پرکھنے کا ہنر نہیں ہے۔ خیر کچھ ہی دنوں میں یہ حقیقت پوری دنیا پر آشکار ہو جائے گی۔ میں نے پوچھا" وہ کیسے" کہنے لگے میں اس نظم کو اپنی کتاب میں شامل کر رہا ہوں۔ جو اگلے ہفتے منظر عام پر آجائے گی۔ تمہارا اس سلسلے میں اتنا ہی فرض ہے کہ اس کتاب کی دو ہزار کاپیاں خرید وا کر ہر لائبریری تک پہنچا دیں کیوں کہ تمہیں اور مجھے کوئی حق نہیں کہ ہم تمہاری عظمت کو دنیا کی نظروں سے پوشیدہ رکھیں۔

میں ابھی اسی اُدھیڑ بن میں تھا کہ نگینہ صاحب کے حملے سے کیسے نجات پاؤں کہ کیا دیکھتا ہوں کہ ایک اور صاحب دروازے سے داخل ہو رہے ہیں۔ انہوں نے اپنے تعارف میں کہا کہ وہ مشہور تاریخ داں پروفیسر سکسینہ ہیں۔ میں نے کہا حضور کو کبھی پہلے نہیں دیکھا۔ کہنے لگے کہ تاریخی ریسرچ میں ایسا گم ہوں کہ کبھی اُبھروں تو کوئی دیکھے۔ آج بھی اسی سلسلے میں تاریخ کے پرانے اوراق دیکھ رہا تھا جب مجھے "یہ" ہاتھ لگا۔" یہ "سے مراد ایک خاندانی شجرہ تھا جس کے بارے میں انھوں نے فرمایا کہ میرے خاندان کا ہے۔ شجرے کے حساب سے ہمارے خاندان کا تعلق ایک اونچے راجپوت گھرانے سے تھا جس کا سلسلہ بھگوان کرشن سے جا ملتا تھا۔

مجھے اس حقیقت سے انکار نہیں کہ بچپن میں میرے ہاتھوں ایک دو گوالنوں کی گگریاں پھوٹ گئی تھیں۔ مجھے اس سے بھی انکار نہیں کہ میں نے ایک درخت کے نیچے بیٹھ کر کچھ لڑکیوں کو بنسی کی مدھر تانیں سنائی تھیں لیکن مجھے یہ معلوم نہیں تھا کہ یہ حرکتیں مجھ سے میری رگوں میں بہنے والا خون کرا رہا تھا۔ میں نے پروفیسر سکسینہ سے گذارش کی کہ بغور دیکھنے کے باوجود مجھے اپنے یا اپنے والد کے چہرے کے گرد کبھی

۳۷

کوئی ہالہ نہیں نظر آیا۔ لیکن تاریخ داں ٹس سے مس نہیں ہوا۔ کہنے لگا جناب اس لئے نظر نہیں آیا کہ آپ کے پاس ایک ریسرچر کی نگاہ نہیں ہے۔

پروفیسر سکسینہ کہنے لگے کہ یہ جو شجرۂ نسب مجھے اچانک مل گیا ہے اس کو میرے دیباچے کے ساتھ سرکاری خرچ پر شائع ہونا چاہئے۔ سرکار جو ہزاروں روپے اس قسم کی ریسرچ پر برباد کر رہی ہے کہ علامہ اقبال قبل از دوپہر پیدا ہوئے تھے یا بعد از دوپہر، میری اس ریسرچ پر کیوں نہ خرچ کرے جس سے یہ راز کھلتا ہے کہ اس کے وزیروں میں سے ایک ایسا بھی ہے جس کے خون میں بھگوان کرشن کے خون کی ملاوٹ ہے۔

میں پروفیسر سکسینہ کی ریسرچ کا جواز ڈھونڈ رہا تھا کہ کیا دیکھتا ہوں میرے پرائمری اسکول کے استاد منشی حکومت رائے چلے آ رہے ہیں۔ منشی جی ابھی اچھی طرح کمرے میں داخل بھی نہ ہوئے تھے کہ کہنے لگے " میں نے ہمیشہ تمہیں یہی کہا بیٹا کہ چھپی ہوئی کتابوں میں کچھ نہیں ہوتا اور مجھے خوشی ہے کہ تم نے ہمیشہ میری نصیحت پر عمل کیا۔ میں نے سدا یہ کہا کہ علم کتابیں پڑھنے سے نہیں ملتا۔ استاد کی خدمت کرنے سے ملتا ہے۔ بڑا آدمی بننا ہو تو استاد کے گھر میں برتن دھوؤ۔ اس کا حقّہ بھرو۔ اس کے گھر کے چولہے کے لئے جنگل سے ایندھن لاؤ۔ میری نصیحتوں کا نتیجہ آج سب کے سامنے ہے۔ وہ لڑکا جو چھٹی جماعت میں تین مرتبہ فیل ہوا آج ہمارا وزیر تعلیم ہے، اور اس لئے ہے کہ اس نے کتابوں پر نہیں ماسٹر حکومت رائے کی نصیحت پر عمل کیا۔" ماسٹر حکومت رائے نے بتایا کہ انہوں نے اپنی تمام نصیحتوں کو یکجا کر کے ایک کتابی شکل دی ہے۔ جس کا نام ہے "حکومت رائے کے اقوالِ زرّیں" ماسٹر جی نے کہا کہ اب ضروری ہو گیا ہے کہ اس کتاب کو نصاب میں داخل کیا جائے تاکہ ہندوستان کے تمام بچے وہ رتبہ حاصل کر سکیں جو مجھے نصیب ہوا ہے۔ میں نے کوشش کی کہ ماسٹر جی کو آگاہ کر دوں کہ میرے منسٹر بننے میں ان کے اقوالِ زرّین کا نہیں اس چراغ کا دخل ہے جو ایک

کباڑی غلطی سے میرے آنگن میں چھوڑ گیا ہے۔ لیکن ماسٹر جی نے ڈانٹ کر کہا کہ "فضول کی بک بک بند کرو ورنہ ناک پکڑ کر وہی تھپڑ ماروں گا جو تم نے کئی بار کھائے ہیں" اور یہ کہہ کر وہ اس زور سے ہنسے جیسے ابھی ابھی انھوں نے سال بھر کا بہترین لطیفہ سنایا ہو۔

میں سوچ رہا تھا کہ ان لوگوں کے حلقۂ دام سے نکلوں تو کیسے نکلوں۔ اُسی وقت میرے سکریٹری نے آکر کہا کہ سر آپ کو فوراً ایک جلسے کی صدارت کے لئے جانا ہے۔

یہ ایک دانشوروں کا جلسہ تھا جس میں ادیب' تاریخ داں اور اُستاد لوگ شامل تھے۔ جلسے میں جو تقریریں ہوئیں ان میں زبردست احتجاج کیا گیا کہ سرکار خواہ مخواہ ہمارے کاموں میں دخل دیتی رہتی ہے۔ ہم زندگی میں جو کچھ کر رہے ہیں کسی فائدے کی خاطر نہیں کر رہے۔ ہمیں یہ ہرگز پسند نہیں ہے کہ سرکار ہمارے کام میں دخل دے۔ ہم جو چاہیں گے لکھیں گے ہم جو چاہیں گے چھاپیں گے۔ ہمیں اس سلسلے میں پوری آزادی ہونی چاہیئے۔ سرکار کو چاہیئے کہ وہ ہمیں ہمارے حال پر چھوڑ دے۔ تقاریر کے بعد جو تالیاں بجیں ان میں نگینہ صاحب پروفیسر سکسینہ اور ماسٹر حکومت لائے نے پُر زور حصّہ لیا۔

جلسہ گاہ سے جب میں گھر پہنچا تو بری طرح بھنّایا ہوا تھا۔ صبح کے واقعات اور جلسہ گاہ کی تقاریر میرے دماغ کے اکھاڑے میں کُشتیاں لڑ رہے تھے۔

جانے کب میری آنکھ لگ گئی۔ اچانک کسی نے شفقت بھرے ہاتھ سے مجھے بیدار کیا۔ میں نے دیکھا کہ وہی چراغ والا جن میرے سامنے کھڑا تھا اور کہہ رہا تھا کہ "کوئی خدمت میرے لائق" میں نے تقریباً چیخ کر جواب دیا۔ "خدا کے لئے مجھے اکیلا چھوڑ دو مجھے حکومت کو چلانے میں مکمل آزادی ہونی چاہیئے مجھے کسی کے مشورے' اقوالِ زرّیں یا تاریخی ریسرچ کی ضرورت نہیں ہے۔" جن حیران و پریشان کچھ دیر تک تو مجھے تکتا رہا اور پھر مایوس ہو کر میرے دیکھتے ہی دیکھتے چراغ میں گھس گیا —

۳۹

سارے جہاں کا درد اور ہمارا جگر

جب میری ملازمت سے ریٹائرمنٹ کی تاریخ قریب آگئی تو مجھے فکر دامن گیر ہوئی کہ ریٹائرمنٹ کے بعد کیا کروں گا۔ کسی زمانے میں جب کوئی ریٹائر ہوتا تھا تو لوگ اُس سے کہا کرتے تھے کہ بھائی بہت کام کرلیا اب عیش کر۔ لیکن آج کل نوکریاں کچھ اس قسم کی ہوگئی ہیں کہ لوگ یوں کہنے لگے ہیں کہ بھائی بہت عیش ہوچکا اب ریٹائر ہورہے ہو تو کوئی کام دھام ضرور کرنا۔

مجھے ریٹائرمنٹ کے بعد پیسہ کمانے کے لئے کام کرنے کی ضرورت نہیں تھی۔ اس کی ایک وجہ تو یہ تھی کہ آج کل سرکار نے پنشن خاصی معقول کردی ہے اور دوسری یہ کہ آدمی ریٹائرمنٹ تک پہنچتے پہنچتے اتنی بیماریوں کا شکار ہو جاتا ہے کہ اُسے بہت سی چیزوں کی ضرورت ہی نہیں رہتی۔ دانت ہی نہیں ہوں گے تو چبائے گا کیا؟ اور معدہ ہی کام نہیں کرے گا تو کھائے گا کیا! اس کے علاوہ میرے دونوں لڑکے برسرِ روزگار تھے۔ میرا مطلب یہ نہیں ہے کہ مجھے امید ہے کہ وہ میرے بڑھاپے کا سہارا بنیں گے، بلکہ یہ کہنا چاہتا ہوں کہ اب انہیں میرے سہارے کی ضرورت نہیں تھی۔ یہ الگ بات ہے کہ اپنے ذاتی اور اچھے خاصے مکان ہوتے ہوئے بھی وہ میرے چھوٹے سے مکان کی طرف اس طرح دیکھا کرتے تھے جیسے آنکھوں ہی آنکھوں میں کہہ رہے ہوں کہ اے بکرے کی ماں تو کب تک خیر منائے گی۔

اقتصادی حالات کو مدِنظر رکھتے ہوئے مجھے کام کی ضرورت نہیں تھی

لیکن وقت گذارنے کے لیے تو کوئی مصروفیت چاہیئے تھی۔ دوستوں نے مشورہ دیا کہ سوشل سروس کرو۔ وقت بھی گذر جائے گا اور سوسائٹی کا بھلا بھی ہوگا۔
لیکن جب اس میدان کی طرف غور سے دیکھا تو احساس ہوا کہ سوشل سروس اتنا کارآمد شغل بن گیا ہے کہ سوشل ورکر بننے کے لیے کسی بڑے آدمی کی سفارش چاہیئے آج کل سوشل سروس لوگ کچھ اس طرح سے کرتے ہیں، کہ جب وہ ایک مندر بنانے کے لیے چندہ اکٹھا کرتے ہیں تو ان کے ذاتی مکان کی دوسری منزل مندر سے کئی مہینے پہلے اپنے آپ تیار ہو جاتی ہے۔ شاید سوشل سروس کرنے والوں کو بھگوان اس لئے پہلے نواز دیتا ہے کہ آخر وہ بیچارے کم از کم گھر سے تو اس ارادے سے ہی نکلے تھے کہ بھگوان کے لئے گھر تعمیر کریں گے۔

بہت سوچ وچار کے بعد میں نے فیصلہ کیا کہ لوگوں کے دُکھ میں شامل ہونے سے بہتر کوئی کام نہیں ہے کیونکہ دکھ بانٹنے سے کم ہوتا ہے۔ کہنے والے تو کہتے ہیں کہ خوشی بھی بانٹنے سے دوبالا ہو جاتی ہے۔ لیکن جوانی میں میں نے یہ کام کرنے کی کوشش کی تھی، اور نتیجہ اِس کا میرے حق میں کچھ اچھا نہیں نکلا تھا۔ جوانی میں میں اور میرے چند عزیز دوستوں نے فیصلہ کیا تھا، کیوں نہ ہم لوگ بنی نوع انسان کی خوشی میں شامل ہوکر ان کی خوشی کو دوبالا کریں۔ چنانچہ کوئی بارات جارہی ہو تو ہم اس میں شامل ہو جایا کرتے تھے۔ اُن کے ساتھ کندھے سے کندھا ملا کر چلتے تھے۔ ان کے بینڈ کی دُھن پر بھنگڑا کرتے تھے اور ان کے ساتھ لنچ کرنے میں فخر محسوس کرتے تھے۔ لیکن لوگ شاید آج کل خوشی بانٹنا پسند نہیں کرتے۔ اس لئے ایک شادی میں باقاعدہ ہم سے پوچھا گیا کہ ہم کس طرف سے ہیں۔ لڑکی کی طرف سے یا لڑکے کی طرف سے۔ ہمیں یہ سوال بڑا بے معنی سا لگا۔ یہ کوئی لڑائی کا میدان تو تھا نہیں کہ کوئی ہم سے سوال کرے کہ ہم کس طرف ہیں؟ سکندر کی طرف یا پورس کی طرف؟

ہم تو دونوں طرف کے لوگوں کی خوشی بانٹ رہے تھے۔ (فلاسفی سے قطع نظر ہم اس وقت بریانی کی طرف تھے)۔ لیکن شادی والے گھروں کو ہمارا خوشی بانٹنا پسند نہ آیا۔ اور انہوں نے ہمیں دھکے مار کر پنڈال سے باہر کیا۔ ان کا خیال تھا کہ ہم وہاں صرف مفت کی روٹیاں توڑنے آئے تھے۔ شاید یہ صحیح تھا لیکن یہ بھی صحیح تھا کہ کسی اور نے بھی وہاں روٹیاں توڑنے کے پیسے نہیں دے رکھے تھے، سوائے لڑکی کے باپ کے۔

اس واقع کو ذہن میں رکھ کر ہی میں نے فیصلہ کیا تھا کہ لوگوں کے دکھ میں شامل ہونا چاہیے۔ وہاں تو کوئی یہ نہیں کہہ سکے گا کہ ہم وہاں مفت کی روٹیاں توڑنے آئے ہیں۔

دلّی جیسے شہر میں یہ معلوم کرنا کہ کون دُکھی ہے اور کون نہیں، ذرا سا مشکل کام ہے۔ کیونکہ جس چہرے کو بھی دیکھیے اس پہ جلی حروف میں دُکھ لکھا ہوا نظر آتا ہے بڑے شہروں میں دُکھ بھی کئی طرح کے ہوتے ہیں۔ کوئی اس لیے دُکھی ہے کہ اسکے پاس فون نہیں ہے اور کوئی اس لیے دُکھی ہے کہ اس کے پاس فون تو ہے پر اس پر کوئی نمبر نہیں ملتا۔ لیکن میں اس طرح کے معمولی دُکھوں میں شامل ہونے کا ارادہ نہیں رکھتا تھا۔ میرا ارادہ ان دُکھوں میں شامل ہونے کا تھا جنہیں واقعی دُکھ کہا جاتا ہے۔ جیسے کسی کے بچھڑ جانے کا دکھ، جیسے کسی کے یتیم ہو جاتے کا دُکھ ـــ فون نہ ملنے کا دُکھ میں کیسے بانٹ سکتا تھا۔ جب کہ خود مجھے ہی کئی سالوں کی کوشش کے باوجود فون نہیں مل سکا تھا۔

دُکھی لوگوں کی تلاش میں میں نے اتوار کے اخبار میں موت کا ایک اشتہار دیکھا جو قریب آدھ صفحے پر پھیلا ہوا تھا۔ اشتہار سے پتہ چلتا تھا کہ مرنے والے نے اپنی زندگی میں بہت محنت کی تھی۔ نتیجے کے طور پر وہ تین فیکٹریوں اور دس ٹیلیفونوں کا مالک بننے کے علاوہ چھ بچوں کا باپ بنا۔ بچوں کے علاوہ پوتے پوتیوں کی تعداد بھی

اچھی خاصی تھی۔ اشتہار سے عیاں تھا کہ اس کے وارثین بے حد دکھی تھے کہ وہ ایک رہنما سے محروم ہوگئے۔ اُن کے دکھ کا سب سے بڑا ثبوت یہ اشتہار تھا۔ کیونکہ اُس کی چھپائی پر کم از کم پانچ ہزار روپے ضرور خرچ ہوئے ہوں گے۔

میں نے سوچا ان لوگوں کا دکھ بانٹنے ضرور جانا چاہئے۔ چنانچہ کریا کی تاریخ پر اُن کے گھر پہنچ گیا۔ لیکن دیکھ کر حیران ہوا کہ پورے گھر میں غم کا نام و نشان نہیں تھا۔ مختلف لوگوں سے بات چیت کرنے سے پتہ چلا کہ بزرگوار نے دولت تو بہت پیدا کی لیکن اِس دولت پر سانپ بن کر بیٹھا رہا۔ بچوں کو اوّل تو عیاشی کے لئے کچھ دیتا نہیں تھا اور جب دیتا تھا تو بعد میں اس کا حساب مانگتا تھا۔ اب آپ ہی فیصلہ کیجئے عیاشی کا کوئی حساب دے سکتا ہے بھلا؟ مزید چھان بین کرنے پر پتہ چلا کہ اخبار میں چھپا ہوا اشتہار رونے رلانے کا نہیں تھا بلکہ شکرانے کا تھا۔ وارثین اشتہار کے ذریعہ اِس دکھ کا اظہار نہیں کر رہے تھے کہ تین کمپنیاں اور دس ٹیلی فونوں کا مالک چلا گیا بلکہ اس بات کیلئے شکرگذار تھے کہ مرنے والا یہ کمپنیاں اور فون اپنے ساتھ نہیں لے گیا۔

اگلے ہفتے میں نے اخبار میں 'برسی' کا ایک اشتہار دیکھا۔ ایک نوجوان کی تصویر کے نیچے لکھا تھا کہ آج اُن کی موت کو ایک سال ہوگیا ہے۔ لیکن آج بھی ہم اُسی طرح سوگوار ہیں جیسے ایک سال پہلے تھے۔ میں نے سوچا اِس جوان کی موت کی برسی پر جاکر اس کے رشتہ داروں کا غم بانٹنا چاہئے۔

پتہ پر پہنچا تو گھر میں کوئی نہیں تھا سوائے ایک منشی کے۔ میں نے پوچھا "بھیا گھر کے لوگ کہاں ہیں؟" وہ کہنے لگا "کشمیر گئے ہوئے ہیں"۔ میں نے کہا "لیکن آج تو اُن کے فلاں رشتہ دار کی برسی ہے جو پچھلے سال جوانی میں وفات پاگئے تھے۔ انہوں نے خود اخبار میں اشتہار دیا ہے آج تو وہ غم سے نڈھال ہوں گے۔ پہاڑ پر کیسے چلے گئے۔"

منشی نے جواب دیا "حضور پہلی بات تو یہ ہے کہ مرنے والا اسّی سال کی عمر میں فوت ہوا تھا، جوانی میں نہیں۔ آپ کو جو غلط فہمی ہوئی ہے وہ اخبار میں چھپی ہوئی تصویر سے ہوئی ہے۔ وہ تصویر جوانی کی تھی۔ دوسری بات یہ اخبار میں اشتہار اُن کے وارثین نے خود نہیں دیا، ایک ایڈورٹائزنگ ایجنسی کی معرفت دیا گیا ہے۔ اب رہ گئی یہ بات کہ وارثین پہاڑ پر کیوں گئے ہیں تو بھیا رونے کے لئے یہ ضروری نہیں کہ آدمی سخت گرم آب و ہوا میں ہی رو سکتا ہے۔ کشمیر میں ڈل لیک میں شکارے میں بیٹھ کر رونے میں کیا بُرائی ہے۔"

اس کی بات سُن کر مجھے احساس ہوا کہ واقعی کوئی بُرائی نہیں، بلکہ اُسی شکارے میں بیٹھ کر میں اگر اُن کا دکھ بانٹ سکتا تو کتنا اچھا ہوتا۔

میں نے منشی جی سے اتنی شکایت ضرور کی کہ انہیں مرنے والے کی جوانی کی تصویر شائع نہیں کروانی چاہئے تھی کہ اس سے خواہ مخواہ غلط فہمی پیدا ہوتی ہے۔ منشی کہنے لگا: آخری عمر میں بزرگوار کو لقوہ ہو گیا تھا جس کی وجہ سے ان کی تصویر بڑی بھیانک آئی تھی۔ ایسی تصویر چھپوا کر وارثین شرمسار نہیں ہونا چاہتے تھے کہ وہ کسی ٹیڑھے میڑھے بزرگ کے رشتہ دار ہیں۔

دو بار ناکام ہونے کے باوجود بھی میں ہمت نہیں ہارا۔ ایک دن میں نے اخبار میں ایک ایسے بزرگ کی موت کا اشتہار پڑھا جو وارثین کی طرف سے نہیں بلکہ اُس بزرگ کی کمپنی کے ملازمین کی طرف سے دیا گیا تھا۔ مجھے خوشی ہوئی کہ مرنے والا ایک شفیق مالک تھا جس کے مرنے سے اس کے ملازمین سوگوار ہیں۔

میں اُس بزرگ کی یاد میں منعقد کی گئی میٹنگ میں شامل ہونے کے لئے چل دیا۔ میٹنگ میں پہنچ کر معلوم ہوا کہ ملازمین سوگوار تو ہیں لیکن بزرگ کی موت کی وجہ سے نہیں بلکہ اِس وجہ سے کہ اُس بزرگ کے نوجوان بیٹے نے زبردستی ملازمین کی تنخواہ سے پیسے

کاٹ کر اخبار میں اس میٹنگ کا اشتہار دیا تھا۔

اس واقعے کے بعد میں تھوڑا سا مایوس ہوگیا۔ مجھے لگا جیسے میں زندگی بھر کسی کا غم نہ بانٹ سکوں گا۔ جب سوگواروں کے پاس بانٹنے کو کچھ ہے ہی نہیں تو میں بانٹوں کیا؟

انہی دنوں میرے دفتر کے ایک ساتھی کی موت ہوگئی۔ سعید حیدرآباد کا رہنے والا تھا اور دلی میں ملازمت کے لئے آیا ہوا تھا۔ وارثین کو اطلاع دی گئی لیکن ریلوے میں ہڑتال ہونے کی وجہ سے کوئی وقت پر پہنچ نہ پایا۔ مجبوراً ہم دفتر کے کچھ ساتھی اُسے دفنانے کے لئے نکل پڑے۔ فیصلہ یہ ہوا کہ اُسے جامعہ ملیہ کے قبرستان میں دفن کیا جائے۔

جنازہ پہلے مسجد میں لے جایا گیا تاکہ نمازِ جنازہ ادا کی جاسکے۔ اتفاقاً اس دن جمعہ تھا۔ بے شمار لوگ جمعہ کی نماز پڑھنے کے لئے مسجد میں موجود تھے۔ وہ سب سعید کے جنازے میں شامل ہوگئے۔ بہت سے لوگوں کو جنازے کے ساتھ دیکھ کر کسی کو خیال ہوا کہ کوئی بہت بڑا آدمی فوت ہوگیا ہے۔ چنانچہ اُس آدمی نے میرے قریب آکر پوچھا! "کون صاحب تھے۔ کسی بڑے عہدے پر فائز تھے کیا؟"

میں نے جواب دیا" ایسی تو کوئی بات نہیں۔ معمولی ملازم پیشہ آدمی تھے۔"

"کیا دلی کے کسی بڑے خاندان سے تعلق تھا اُن کا؟" اس نے پوچھا۔

میں نے کہا" دلی کے تھے ہی نہیں۔ حیدرآباد کے تھے۔ اور خاندان بھی معمولی تھا۔"

تب تک ہم قبرستان میں پہنچ چکے تھے۔ قبر کو حسرت بھری نگاہ سے دیکھ کر وہ کہنے لگا "قسمت والا تھا کہ دیارِ غیر میں موت ہوئی لیکن پھر بھی جنازے میں ہزاروں لوگ شامل ہوئے اور پھر قبرستان میں ایسی جگہ نصیب ہوئی کہ ایک طرف میجر جنرل نواز خاں لیٹے ہوئے ہیں۔ ایک طرف پرنسپل برکت علی صاحب ہیں۔ اور ایک طرف

جناب علی محمد سابق ممبر پارلیمنٹ:

مجھے اس شخص کے غمزدہ چہرے کو دیکھ کر بہت ترس آیا۔ میں نے کہا:

"حضور اگر آپ چاہیں تو آپ اس قبر میں لیٹ جائیں اور ان بڑے آدمیوں کی صحبت کا لطف اٹھائیں۔ میں اپنے دوست کو کہیں اور لے جاتا ہوں۔"

میں تو سمجھتا تھا کہ میں نے اس شخص کا غم بانٹنے کی کوشش کی ہے لیکن میرے دوستوں کا خیال ہے کہ میرے جملے میں تضحیک کا پہلو نکلتا ہے۔

میں پریشان ہوں کہ کس طرح لوگوں کے غم میں شمولیت کروں۔ کس طرح ان سے درد کا رشتہ قائم کروں۔ اس سلسلے میں مجھے دوستوں کے مشوروں کی ضرورت ہے۔ ہے کوئی کرم فرما جو میری رہنمائی کرے۔۔۔!

ضرورت ہے

صبح جب اخبار والا میرے ہاں اخبار پھینکتا ہے تو میں سب سے پہلے اس میں سے اشتہار پڑھتا ہوں اور باتوں کے علاوہ اس کی ایک جذباتی وجہ ہے۔ مجھے میری بیوی ان ہی اشتہاروں میں ملی تھی۔

بیوی ڈھونڈنے کے لئے شروع شروع میں میں نے اپنے محلے میں کوشش کی تھی سروے کرنے پر پتہ چلا کہ پورے محلے میں کل دو لڑکیاں ہیں جن سے شادی کی جاسکتی ہے۔ اور اٹھارہ لڑکے ہیں جو اُن کے چکر میں ہیں۔ مجھے نا امید دیکھ کر ایک بزرگ نے مشورہ دیا کہ اگر بیوی چاہئے تو اخباروں کے اشتہاروں میں تلاش کرو۔ میں نے بھی وہی کیا اور ایک ہی مہینے میں کامیابی ہوگئی۔

جنہیں میں ڈھونڈتا پھرتا ہوں اپنی گلیوں کے مکینوں میں
ملے وہ مجھ کو اک اخبار کے کالم نشینوں میں

میری شادی ہوئے تو اب بیس برس ہو چکے ہیں لیکن لڑکیوں کے اشتہار اخباروں میں اُسی بہتات سے چھپ رہے ہیں۔ اِن اشتہاروں کو دیکھ کر اکثر مجھے لگا جیسے مجھ سے کہہ رہے ہوں کہ بس ایک ہی بیوی پر قناعت کر گیا۔ دوسری چاہیے تو اُتر میدان میں۔ ان اشتہاروں میں کئی کنواریوں کی عمر پڑھ کر مجھے ایسا لگتا ہے جیسے خاص طور پر میرے ہی انتظار میں بیٹھی ہوں۔

اخبار میں کچھ اور اشتہار ایسے ہوتے ہیں جو میں گہری دلچسپی سے پڑھتا ہوں۔

یہ وہ اشتہار ہیں جن میں کسی بزرگ کے پرلوک سدھارنے کی اطلاع ہوتی ہے۔ سچ بات یہ ہے کہ میں ایک آدمی کے بڑے پن کا اندازہ ہی اس بات سے کرتا ہوں کہ وہ اپنے مرنے کے بعد کتنا بڑا اشتہار چھوڑ گیا ہے۔ مجھے وہ اشتہار پڑھ کر بے حد خوشی ہوتی ہے۔ جس میں لکھا ہوتا ہے کہ بزرگ جانے سے پہلے نہ صرف لڑکوں اور چار لڑکیوں کی شادی کر گیا ہے بلکہ ان کے گزارے کے لئے تین فیکٹریاں اور چھ ٹیلی فون چھوڑ گیا ہے۔ کئی بار میں ان بزرگوں کی کریا میں محض اس لئے شریک ہوا ہوں کہ شائد جانے والا میرے لئے ایک ٹیلی فون ہی چھوڑ گیا ہو۔

عام طور پر جو اشتہار اخبار میں دیے جاتے ہیں ان سے اشتہار دینے والے کچھ فائدے کی امید رکھتے ہیں۔ آپ اشتہار دیتے ہیں کہ آپ کی دکان کا مال بک سکے آپ اشتہار دیتے ہیں کہ آپ کی بیٹی کے لئے مناسب رشتہ مل سکے۔ اب ایک بزرگ کے پرلوک سدھارنے کے اشتہار سے کچھ فائدہ تو ہو نہیں سکتا لیکن سمجھدار لوگوں نے اس میں بھی فائدے کے راستے نکال لئے ہیں۔ میں نے کچھ دن پہلے ایک بزرگ کے پرلوک سدھارنے کا اشتہار پڑھا تھا جس میں نیچے لکھا تھا۔

"ہم ہیں ان کے ماتم میں غم گسار ——— بڑا لڑکا کرشن چندر۔ مالک پاپولر سویٹ ہاؤس جس کے پیستے والی برفی سارے شہر میں مشہور ہے۔ چھوٹا لڑکا ردیل چند مالک رویل چند اینڈ سنز کیمسٹ۔ جن کی دوکان دن رات کھلی رہتی ہے اور جو پچاس روپے کی اکٹھی دوائیں خریدنے پر نئے سال کی ڈائری مفت دیتے ہیں۔

سب سے چھوٹی لڑکی، عمر ۱۹ سال قد پانچ فٹ۔ رنگ گورا۔ تعلیم میٹرک پتا جی کی کریا کے ساٹھ دن بعد اس کی شادی کرنے کا خیال ہے۔ لڑکی کریا کے موقع پر دیکھی جاسکتی ہے۔

میں ایسے اشتہاروں کو بہت سمجھداری کا اشتہار سمجھتا ہوں اور آپ چاہیں تو

انہیں فور ۔ اِن ۔ ون اشتہار کہہ سکتے ہیں۔

کچھ اشتہار ایسے بھی ہوتے ہیں جن سے ایک دمڑی کا فائدہ نہیں ہوتا—

اگلے دن میں نے ایک اشتہار پڑھا جو کچھ اس طرح تھا۔

"میری خوبصورت اور جوان بیوی رانی ایک ہفتہ ہوا مجھ سے روٹھ کر گھر سے چلی گئی اور واپس نہیں لوٹی — رانی کا قد لمبا۔ بال گھٹنوں تک اور بائیں گال پر تل ہے ہنستی ہے تو اس کے گالوں میں گڑھے پڑتے ہیں۔ رانی کو گھر واپس لانے والے کو شکریہ کے ساتھ سفر خرچ دیا جائے گا۔"

اب آپ ہی بتایئے شکریہ اور سفر خرچ کے لالچ میں کوئی رانی کو واپس لائے گا کیا؟

رانی کی گم شدگی سے مجھے خیال آیا کہ بچپن میں میں بھی اپنے والد سے روٹھ کر گھر سے بھاگ گیا تھا۔ ناراضگی کی وجہ یہ تھی کہ وہ مجھے ہر مہینے دو روپے خرچ کو دیتے، اور میں پانچ مانگتا تھا۔ مجھے اُمید تھی کہ والد صاحب میری جدائی کا صدمہ برداشت نہیں کر سکیں گے اور فوراً اخبار میں اشتہار دیں گے کہ بیٹا واپس آجاؤ تمہاری سب شرطیں منظور ہیں۔ دو تین دن میں بھوکا پیاسا سڑکوں پر مارا مارا پھرتا رہا۔ تیسرے دن کہیں جا کر وہ اشتہار نظر آیا جس کو دیکھنے کی امید میں میں گھر سے بھاگا تھا۔

اشتہار پڑھتے ہی میں نے گھر کا رُخ کیا۔ مجھے امید تھی کہ مجھے دیکھتے ہی والد صاحب خوشی سے ناچ اٹھیں گے اور فوراً مجھ سے سمجھوتہ کرلیں گے کہ وہ ہر مہینے مجھے پانچ روپے دیا کریں گے۔

مجھے دیکھتے ہی پہلے تو والد صاحب نے اپنی خوشی کا اظہار اپنے جوتے سے میرے جسم پر کیا اور سمجھوتے کے سلسلے میں کہا کہ الاؤنس بڑھایا نہیں جا سکتا۔ ہاں البتہ تین مہینے دو روپے بھی نہیں ملیں گے۔ کیوں کہ اشتہار دینے پر والد صاحب کے چھ روپے خرچ ہو گئے تھے۔

کافی عرصہ تک میرا والد صاحب کے علاوہ اس اخبار پر سے بھی ایمان اٹھ گیا ں میں میری گم شدگی کا اشتہار چھپا تھا۔ لیکن اس دنیا میں رہ کر اشتہاروں سے راضگی سمندر میں رہ کر مگرمچھ سے بیر کی طرح ہے۔

اخباروں کے علاوہ آج کل ریڈیو اور دوردرشن پر لوگ اشتہار دینے لگے ں ہے۔ جو سننے اور دیکھنے والوں کو بہت پسند ہیں۔ کتنے پسند ہیں اس کا اندازہ مجھے ہوا ہے۔ کچھ دن پہلے میں نے دوردرشن کے لئے ایک سروے کیا یہ جاننے کے لئے کہ لوگ ن سے پروگرام زیادہ شوق سے دیکھتے ہیں۔ اس سلسلے میں میں نے ایک نوجوان سے چھا کہ آپ کو دوردرشن کے کون سے پروگرام پسند ہیں۔ کہنے لگا "سارے"۔ میں ، کہا "نام لیجیے" کہنے لگا۔ چائے والا پروگرام۔ شیونگ کریم کا پروگرام۔ ٹوتھ پیسٹ پروگرام۔ نہانے والے صابن کا پروگرام "۔ میں نے کہا "یہ نہیں بھائی" کہنے لگا : ں آپ ان پروگراموں کا ذکر تو نہیں کر رہے ہیں جو ان پروگراموں کے بیچ بیچ میں ھائے جاتے ہیں جیسے ڈرامہ یا کوی سمیلن یا کرشی درشن "۔ میں نے کہا "ہاں وہی" ے لگا " اس وقت میں سگریٹ پینے باہر چلا جاتا ہوں "۔

میں نے کہا "آپ کو ایسا نہیں کرنا چاہیے"۔ کہنے لگا "جنھیں آپ اشتہار کہتے ں وہ کتنے دلچسپ ہوتے ہیں آپ کو اس کا اندازہ نہیں۔ ان میں ایک خوبصورت لی ہوتی ہے جس کا ایک خوبصورت لڑکے سے عشق ہوتا ہے۔ محبت کے جوش میں وہ اپنے ب سے بغل گیر ہونا چاہتی ہے۔ لیکن عاشق کے منہ سے اٹھنے والا تعفن اس کی راہ روڑا بن جاتا ہے۔ لڑکے کو کوئی ڈاکٹر مشورہ دیتا ہے کہ فلاں ٹوتھ پیسٹ استعمال ۔ وہ ڈاکٹر کے مشورے پر عمل کرتا ہے۔ اس وقت ڈرامہ ایک بلند مقام پر پہنچ جاتا ۔ ہم جاننا چاہتے ہیں کہ ٹوتھ پیسٹ کے استعمال کے بعد لڑکی پر کیا اثر ہوا کیا انکی

۵۰

شاعر آجاتا ہے جو ڈاڑھی ہلا ہلا کر اپنے محبوب کے تغافل کا رونا رونا شروع کر دیتا ہے میں اُٹھ کر سگریٹ لینے نہ جاؤں تو کیا کروں۔ ٹوتھ پیسٹ کے اشتہار سے مجھے یاد آیا آپ نے اکثر وہ اشتہار دیکھا جس میں ستر برس کا ایک بزرگ اپنے دانتوں سے اخروٹ توڑتا ہے کیونکہ وہ ایک خاص ٹوتھ پیسٹ استعمال کرتا ہے

کچھ دن ہوئے سرینگر میں اچانک میری ملاقات اس بزرگ سے ہو گئی۔ میں نے اسکے دانتوں کی بڑی تعریف کی اور کہا کہ ذرا ہنسیئے آپ کے خوبصورت اور مضبوط دانت دیکھیں گے کہنے لگا اس وقت تو دانت گھر پر ہیں۔ کل ملئے تو دکھا دوں گا۔

اشتہاروں میں عام طور پر بہت بڑھ چڑھ کر بات کی جاتی ہے۔ لیکن یہ نہیں ہے کہ ہر اشتہار میں ہیرا پھیری ہوتی ہے۔ کئی اشتہار دینے والے سو فیصد سچ بولتے ہیں یہ الگ بات ہے کہ بات آپ کی سمجھ میں آتی ہے یا نہیں۔ اگلے دن میں نے انڈیا گیٹ کے لان پر ایک آدمی کو سُرمہ بیچتے دیکھا جو لاؤڈ اسپیکر پر اعلان کر رہا تھا کہ اس کا سُرمہ آنکھوں کی ہر بیماری کا علاج کر سکتا ہے۔ وہ یہ بھی کہہ رہا تھا کہ سُرمے کی ہر شیشی کے ساتھ ایک چھڑی مفت دی جائے گی۔ میں نے اس کو الگ لے جا کر پوچھا "سُرمے کا چھڑی کے ساتھ کیا تعلق ہے ؟" کہنے لگا "بھائی جان' آخر میں چھڑی ہی آپکے کام آئے گی۔"

ابھی حال ہی میں مجھے ایک ایسے اشتہار سے واسطہ پڑا جس سے مجھے فائدہ بھی ہوا اور نقصان بھی۔ ایک نئے ڈرائی کلینر نے اشتہار دیا کہ وہ ہر کپڑا آدھی قیمت پر ڈرائی کلین کرے گا۔ میں فوراً اپنی پرانی پتلون انہیں دے آیا۔ جب لینے گیا تو پتلون ملی نہیں۔ لیکن دوکاندار نے فوراً میرے ہاتھ میں دو سو روپے تھما دیئے کہ نئی پتلون سلوا لیجیے گا۔ میں نے جب گھر جا کر یہ خبر اپنی بیوی کو سنائی تو اس نے اپنی ڈھیر ساری پرانی ساڑیاں میرے حوالے کیں کہ ڈرائی کلین کرنے کے لئے دے آؤ۔ میں نے دیں اور جب واپس لینے گیا تو ساری کی ساری موجود تھیں۔ میں نے پیسے دیتے ہوئے گھبراہٹ میں صرف اتنا کہا کہ "صاحب ہم نے تو آپکی بڑی تعریف سنی تھی۔" دوکاندار میرا منہ دیکھتا رہ گیا کہ آخر اس سے کیا غلطی ہو گئی۔

۵۱

ہماری داستاں تک بھی نہ ہوگی داستانوں میں

مَیں جب کالج میں پڑھتا تھا تو میں نے کالج میگزین کے لیے کچھ غزلیں لکھیں۔ اُنہیں پڑھنے کے بعد میرا ایک ہم جماعت دوست مجھے کالج کے ایک ویران گوشے میں لے گیا اور رازدارانہ انداز میں پوچھنے لگا۔ "سچ بتانا یار تم غزل کیسے لکھ لیتے ہو"۔ میں کہنے ہی والا تھا کہ پہلے کاغذ پر قافیے لکھ لیتا ہوں، جیسے 'گانے گئے' 'لانے گئے' 'کھانے گئے'، 'نہانے گئے' وغیرہ اور پھر ان پر شعر کا مضمون فٹ کر دیتا ہوں جس کا تعین دوسرے شعرا پہلے ہی کر چکے ہیں۔ جیسے کہ معشوق کی کمر نہیں ہوتی۔ رقیب کے چہرے کا رنگ سیاہ ہوتا ہے۔ عاشق غم کھاتا ہے اور وقت گذاری کے لئے اختر شماری کرتا ہے۔ دنیا رہنے کے لئے موزوں جگہ نہیں ہے اور آسمان ظلم ڈھانے کے لئے بنایا گیا ہے۔ شراب پینا اچھا کام ہے اور واعظ کو گالیاں دینا اُس سے بھی اچھا ـــــــ اتنا سامان پاس ہو تو غزل گوئی کوئی ایسا مشکل مسئلہ نہیں ہے۔

لیکن میرے ہم جماعت دوست نے جس طرح ویرانے میں لے جا کر مجھ سے سوال کیا تھا مجھے لگا کہ اُس کے سوال کا اتنا سیدھا جواب کچھ موزوں نہیں لگے گا۔ سوال ایک پُراسرار انداز میں کیا گیا تھا۔ اس کا جواب اتنا سیدھا اور عام فہم نہیں ہونا چاہیے۔

آپ تو جانتے ہی ہوں گے کہ ایک ممتحن جب امتحان کے پرچے میں سوال پوچھتا ہے کہ اکبر نے پیدا ہوتے ہی اپنے ماں سے کیا کہا تھا تو جواب میں یہ لکھنا کہ "اس وقت وہ بولنے کے قابل نہیں تھا، وہ فقط رو دیا تھا" غیر مناسب سمجھا جائے گا

یہ کیسے ہو سکتا ہے کہ اکبر جسے بعد میں اکبرِ اعظم بننا تھا، پیدا ہوتے ہی رو دیا ہو۔ اُس نے ضرور کوئی پتے کی بات کہی ہوگی۔ ورنہ ممتحن پوچھتا ہی کیوں؟

اس بات کو ذہن میں رکھ کر میں نے سوچا کہ جواب دینے سے پہلے سوال کی نوعیت کو اچھی طرح سمجھ لینا چاہئے۔ چنانچہ میں نے اپنے دوست سے کہا کہ پہلے اپنے سوال کا پس منظر واضح کرو؟

میرا دوست کہنے لگا کہ دیکھو ہر غزل میں عشق و محبت اور راز و نیاز کی باتیں ہوتی ہیں۔ ظاہر ہے یہ باتیں بغیر عشق کئے سمجھ میں نہیں آسکتیں۔ مطلب اس کا یہ ہوا کہ جس نے عشق نہیں کیا وہ شاعری نہیں کر سکتا۔ اور تم جب شاعری کر رہے ہو تو ظاہر ہے عشق بھی کر رہے ہو۔ اسی لئے تم سے پوچھ رہا ہوں کہ کس سے کر رہے ہو۔

اچھا تو یہ بات تھی! اب مجھے محسوس ہوا کہ میرے دوست کا سوال کوئی آسان سوال نہیں ہے۔ اگر کہتا ہوں کہ عشق نہیں کر رہا تو شاعری جھوٹی اور اگر کہتا ہوں کہ کر رہا ہوں تو میں جھوٹا۔ ایک منٹ کے لئے میرے دماغ میں یہ دونوں جواب گتھم گتھا ہوتے رہے۔ آخر میں میں نے فیصلہ کیا کہ شاعری پر آنچ نہیں آنے دوں گا کیونکہ یہ صرف اکیلے میری عزت کا سوال نہیں تھا' پوری شاعر برادری کی عزت کا سوال تھا۔ میں نے چہرے پر مناسب کیفیت پیدا کی اور شرما کر کہا کہ "ہاں یار عشق کر رہا ہوں۔" اس نے پوچھا "کس سے"؟

یہ سوال مجھے ذرا سا مشکل لگا۔ چنانچہ میں نے ایک جہاں دیدہ منسٹر کی طرح جواب دیا کہ اس سوال کا جواب چونکہ کچھ دوسرے لوگوں کے لئے پیچیدگیاں پیدا کر دے گا اس لئے فی الحال اس سلسلے میں کچھ کہنا مناسب نہیں سمجھتا۔ ہاں یہ وعدہ ضرور کرتا ہوں کہ مستقبل قریب میں اس سوال کا جواب ضرور دوں گا۔ شاید اس میں چھ مہینے لگ جائیں۔

۵۴

اس وعدہ کے بعد ضروری ہو گیا کہ میں چھ مہینوں کے اندر اندر کسی کی زلفوں کا اسیر ہو جاؤں۔ کسی کے دل میں جا کر بس جاؤں۔ کسی کے خوابوں میں آنے جانے لگوں۔ لیکن سوال یہ تھا کہ کس سے! میں تو اسیر ہونے کو تیار تھا لیکن کسی کی زلفیں ہتھکڑی بننے کو تیار ہوں تب نا۔

جوں جوں وقت گذرتا گیا میری پریشانی بڑھنے لگی۔ اگر چھ مہینوں کے اندر اندر عشق نہ کر سکا تو میرا کیا ہوگا۔ یہ بات میرے ذہن سے کوسوں دور تھی کہ جلدی سے کسی محبوب سے میرا وصال ہو۔ میں تو صرف عشق کی کیفیت سے دوچار ہونا چاہتا تھا۔ وہ کیفیت جس میں جسم سوکھ کر کانٹا ہو جاتا ہے اور عاشق کپڑے پھاڑ کر جنگل بیابان کی طرف نکل جاتا ہے۔ عشق تو پھر اسی کو کہتے ہیں۔ اگر وصل اچھی چیز ہوتی تو علامہ اقبال جدائی کی گھڑیوں کو دیرپا کیوں سمجھتے۔

خدا خدا کر کے ایک موقع ہاتھ آیا جس میں عشق کرنا ممکن ہو سکتا تھا۔ مجھے ایک لڑکی کو پڑھانے کے لئے ٹیوٹر کی نوکری مل گئی۔

اس لڑکی کا تعلق ایک ایسے خاندان سے تھا جس کے تمام مرد دولت کی تلاش میں دربدر کی خاک چھان رہے تھے۔ ویسے تو وہ لوگ آئے دن لندن، پیرس اور نیویارک کے دورے کر رہے تھے۔ جہاں آپ خاک چھاننا بھی چاہیں تو خاک نہ ملے لیکن اُردو زبان میں کوئی اور مناسب محاورہ نہ ہونے کی وجہ سے میں نے "دربدر کی خاک چھاننا" لکھ دیا ہے۔ گھر کی عورتیں جن کی مجموعی تعداد تین تھی، مردوں کی کمی کو بُری طرح محسوس کرتی تھیں تین میں سے دو عورتیں گھر کے دو مردوں کی جو سگے بھائی تھے بیویاں تھیں۔ تیسری اُن مردوں کی جوان بہن تھی جو ابھی کنواری تھی۔ میں اُس کا ٹیوٹر تھا۔

پہلے ہی دن جب مجھے لڑکی کے ساتھ اکیلا بٹھا دیا گیا تو مجھے محسوس ہوا کہ اِس سے بہتر موقع عشق کا شاید زندگی بھر نہ ملے۔ یہ صحیح ہے کہ لڑکی کے زلفوں میں وہ پیچ و خم

نہیں تھے۔ جن کی ایری میں ایک عجیب سی مسرّت کا احساس ہوتا ہے۔ نہ ہی اس کی آنکھوں میں وہ خمار تھا جس کا نشہ بلیک لیبل وِسکی کو مات دیتا ہے۔ لیکن اور کئی ایسی صلاحیتیں تھیں جو عشق کے لئے مناسب تھیں۔ مثلاً وہ امیر گھر کی تھی اور ظاہر ہے کہ جب میں حرفِ عشق زبان پر لاؤں گا تو میرا دھتکارا جانا لازم تھا۔ اس کے بعد تو پھر میں وہ سب کچھ کر سکتا تھا جو عشق کے لئے لازم سمجھا جاتا تھا۔ جیسے دامن کو تار تار کرنا (اپنے) ہجر کے رونے رونا وغیرہ۔ ایک ضمنی پریشانی یہ تھی کہ شائد اس عشق کے چکر میں میری نوکری چلی جائے۔ لیکن پھر خیال آیا کہ عشق میں لوگ زندگی قربان کر دیتے ہیں، نوکری تو کسی گنتی میں نہیں آتی۔

میں نے وقت برباد کرنا مناسب نہیں سمجھا۔ دوسرے ہی دن اپنے عشقیہ جذبات کا اظہار اُس سے کر دیا۔ میرا خیال تھا کہ وہ پہلے مجھے انگریزی میں گالیاں دے گی اور پھر بھائیوں کو بلوا کر مجھے گھر سے باہر کر دے گی۔ لیکن میری حیرانی کی کوئی حد نہ رہی جب اُس نے میرا ہاتھ تھام کر آنکھوں سے لگا لیا۔

میں دعوے سے نہیں کہہ سکتا کہ اس کی بھابھیوں نے یہ سین دروازے کی اوٹ سے دیکھا لیکن دوسرے ہی دن دونوں بھابھیوں نے بھی مجھ سے درخواست کی کہ وہ بھی اپنی ادھوری تعلیم مکمل کرنا چاہیں گی۔ میں جب باری باری انہیں اپنے سامنے بٹھا کر پڑھانے لگا تو انہوں نے پہلا کام یہ کیا کہ میرے ہاتھ کو اپنے ہاتھ میں لے کر آنکھوں سے لگا لیا۔

میں غالباً اس اجتماعی عشق کے لئے تیار نہ تھا۔ اس لئے اگلے دن نہ صرف ان کے ہاں آنا جانا بند کر دیا بلکہ اُس دن کے بعد کبھی اس گلی کے قریب بھی نہیں پھٹکا جس میں اُن کا گھر تھا۔

یہ میری عاشقانہ زندگی کا آغاز تھا۔

۵۵

میرے عشق کی اگلی منزل میری ایک ہم جماعت لڑکی تھی۔ کہیں اس نے مجھے کہہ دیا کہ اسے اُردو ادب سے محبت ہے۔ بس پھر کیا تھا میں نے موقع بے موقع اُسے اردو کے وہ شعر سنانے شروع کر دیئے جو عشق کی سلگتی ہوئی آگ پر تیل کا کام کرتے آئے ہیں۔ کچھ دنوں کے بعد مجھے احساس ہونا شروع ہو گیا کہ اُسے مجھ میں کچھ ایسی خوبیاں نظر آنے لگی ہیں جو میرے سے مجھ میں ہیں ہی نہیں۔ یعنی اُسے بھی مجھ سے محبت ہو رہی ہے۔

عشق کی رفتار کو تیز کرنے کے لئے میں ایک دن ایم۔ اسلم صاحب کے ایک ناول کا تحفہ بغل میں دبا کر اُس کے گھر پہنچ گیا۔ یہ مخصوص تحفہ اس لئے کہ یار لوگوں کا مشورہ تھا کہ ایم۔ اسلم صاحب اظہارِ عشق میں میرے وکیل ثابت ہوں گے۔

جب میں اُس کے گھر پہنچا تو گھر میں ایک فردِ واحد موجود تھا جس کی مونچھیں اِس بات کی غماز تھیں کہ وہ فوج میں نوکری کرتا تھا۔ میں اُسے دیکھ کر کچھ گھبرا سا گیا —— رٹا ہوا سبق مجھے یاد نہ رہا۔ اور میں نے ہکلاتے ہوئے کہا: "م م میں ششی سے ملنے آیا ہوں"۔ اس کے چہرے پر غصے اور کرب کے ملے جلے جذبات نمودار ہوئے، اور اس نے تقریباً چیخ کر کہا "ہوں"۔ میں نے فوراً وضاحت کی اور کہا کہ مجھے ششی سے کوئی خاص کام نہیں ہے۔ میں تو اُسے صرف یہ کتاب دینے آیا ہوں۔ بزرگوار کے منہ سے کوئی آواز نہ نکلی لیکن ایک لمحہ کے بعد اس کے چہرے پر پہلی سی کیفیت پھر نمودار ہوئی اور اس نے قدرے زیادہ زور سے "ہوں" کہا۔ میں نے مزید وضاحت کرتے ہوئے کہا کہ میں بھگوان کی سوگندھ کھا کر کہتا ہوں کہ میں یہ کتاب اپنے آپ نہیں لایا۔ ششی نے منگوائی تھی۔ بزرگوار کے چہرے پر ایک لمحہ کے لئے طمانیت کے آثار پیدا ہوئے لیکن پھر پہلی سی کیفیت نمودار ہوئی اور انھوں نے زور سے "ہوں" کہا۔

میں اس "ہوں" کی تاب نہ لا کر وہاں سے جو بھاگا تو گھر پہنچ کر ہی دم لیا۔ گھر پہنچا تو بُری طرح ہانپ رہا تھا۔

۵۶

اگلے دن ششی نے بتایا کہ اُس کے والد مجھ سے ناراض نہیں تھے۔ ان کے چہرے پر جو بار بار غصے اور کرب کے آثار پیدا ہو رہے تھے اس کی وجہ یہ تھی کہ ان کی ڈاڑھ میں شدید درد تھا۔اس درد کی وجہ سے وہ کچھ بول بھی نہ سکے اور نہ ہی میری آؤ بھگت کر سکے۔

اس وضاحت کے باوجود میں نے اُس گلی کا دوبارہ رُخ نہیں کیا۔ جو شخص ڈاڑھ کے درد کے زیرِ اثر اس قدر تڑپ سکتا ہے وہ بیٹی کے عاشق کے ساتھ کیا سلوک کر سکتا ہے اس بات کے تصور نے میرے جذبۂ عشق کو سرد کر دیا۔ بہر حال یہ میری داستانِ عشق کا دوسرا پڑاؤ تھا۔

تیسری بار جب میں نے بحرِ عشق میں گھوڑے دوڑائے تو میں عمر کی اُس منزل پر پہنچ چکا تھا جس میں ایک عاشق محبوبہ کو دیکھ کر آہیں بھرنے کے علاوہ محبوبہ کی وجہ سے پیدا ہونے والی قدرتی ذمہ داریوں کا بوجھ بھی اٹھا سکتا ہے۔ میں مناسب طور پر برسرِ روزگار تھا اور کئی والدین اپنی صاحبزادیوں کو اس طرح سے میرے آگے پیچھے گذارتے رہتے تھے کہ میری اچھی یا بُری نظر ان پر پڑے۔ اسی زمانے میں مجھ پر عشق کا تیسرا دورہ پڑا۔ مِینا دفتر میں میری کولیگ تھی۔ لوگ ہم دونوں کو ایک مثالی جوڑا کہا کرتے تھے۔ کیونکہ ہم دونوں کی تنخواہ برابر برابر تھی۔

میں تو چاہتا تھا کہ عشق عشق ہی کی حدوں میں رہے تاکہ میں اردو غزل میں اپنے لیے ایک مناسب مقام پیدا کر لوں لیکن مِینا کا خیال تھا کہ ہمارے عشق کا نتیجہ بچوں کی صورت میں نکلے کیونکہ اس سے بہتر شعر آج تک کوئی کہہ نہیں سکا۔ اس کا یہ بھی خیال تھا کہ میرؔ و غالبؔ شاعری کے میدان میں جو کام کر گئے ہیں وہ میری شمولیت کے بغیر بھی اچھا خاصا سمجھا جاتا ہے۔

مَیں نے اُس کے مشورے کے آگے سرِ تسلیم خم کر دیا کہ عشق نام ہی سرِ تسلیم خم

کرنے کا ہے۔

حالانکہ ینا کے ہاتھ کو اپنے ہاتھوں میں لئے مجھے چار سال ہو چکے تھے، پھر بھی اس کا تقاضہ تھا کہ میں اس کا ہاتھ باقاعدہ اس کے والد سے مانگوں۔

تاریخ شاہد ہے کہ عاشق اور محبوبہ کے والد کا جب کبھی آمنا سامنا ہوا نتیجہ عاشق کے حق میں کچھ اچھا نہیں نکلا۔ اس لئے میں ینا کے والد سے ملنے سے ڈرتا تھا۔ لیکن ینا کا خیال تھا کہ یہ ڈر بے بنیاد ہے۔ وہ زمانے گئے جب والدین بیٹی کے عاشق کو دیکھ کر بندوق نکال لیتے تھے۔ اب تو اسے ڈھونڈنے کے لئے اخباروں میں اشتہار دیئے جاتے ہیں۔ اور پھر تمہارے جیسا داماد۔۔۔" میں نے پوچھا مجھ میں ایسی کیا خوبی ہے۔ کہنے لگی تم جہیز جو نہیں مانگ رہے۔

طے یہ ہوا کہ میں کسی اتوار کو جا کر پروفیسر صاحب سے مل لوں۔ میں شاید یہ بتانا اب تک بھول گیا تھا کہ بزرگوار یونیورسٹی میں لٹریچر کے پروفیسر ہیں۔

میں جب اُن کے گھر پہنچا تو موصوف کتابوں اور مسودوں کے پلندے ایک صندوق میں بھر رہے تھے۔ مجھے دیکھتے ہی کہنے لگے "کیا وقت پر آئے ہو"۔ میں نے قدرے حیران ہو کر پوچھا "سر آپ کو پتہ تھا کہ میں آپ سے ملنے آرہا ہوں"۔ کہنے لگے "پتہ تو نہیں تھا لیکن مجھے آج تلاش تھی ایک ایسے نوجوان کی جس کے بازوؤں میں دم ہو، جس کے کندھے بوجھ دیکھ کر جھک نہ جائیں"۔ میں ان کی بات سمجھ تو نہ پایا لیکن جوش و خروش میں کہہ دیا کہ "سر آپ میرے کندھے، میرے بازو دیکھئے۔ یہ اگر کسی بھی بوجھ کے نیچے جھک جائیں تو میں انہیں کاٹ کے پھینک دوں گا"۔

اس زوردار تقریر کے بعد میں نے پوچھا "سر آپ جانتے ہیں نا کہ میں یہاں کیوں آیا ہوں؟" کہنے لگے "گدھے تم سمجھتے ہو میں زندگی بھر کتابیں ہی چاٹتا رہا ہوں۔ مجھے اچھی طرح معلوم ہے کہ تم یہاں کیوں آئے ہو"۔ میں نے پوچھا "تو سر

آپ کا کیا فیصلہ ہے" کہنے لگے "میں ضرور تمہاری مدد کروں گا۔ لیکن تمہیں پہلے میرا ایک چھوٹا سا کام کرنا پڑے گا۔" مجھ پر جوش و خروش کا دورہ پڑ چکا تھا۔ میں نے کہا: "حکم دیجیے۔ میں آپ کی خاطر جان تک قربان کرنے کو تیار ہوں"۔ کہنے لگے "فی الحال اس کی ضرورت نہیں۔ اس وقت صرف اتنا ہی کام ہے کہ مسودوں سے بھرا ہوا یہ صندوق میں اوپر اپنے بیڈروم میں لے جانا چاہتا ہوں۔ بہت بھاری ہے۔ لے چلو گے"؟

میں حیران کہ یہ کیا ہو رہا ہے۔ بینا نے جلدی سے آگے بڑھ کر کہا "پاپا آپ انہیں پہچان نہیں رہے کیونکہ آپ نے عینک نہیں پہن رکھی"۔ کہنے لگے "اس گدھے کو پہچاننے کے لئے کیا عینک کی ضرورت ہے؟ اور تم بیچ میں سے ہٹ جاؤ۔ بات دو مردوں میں ہو رہی ہے اگر کر سکتی ہو تو اس صندوق کو اس نوجوان کے سر پر رکھنے میں میری مدد کرو"۔

قصہ مختصر وہ صندوق میرے سر پر رکھا گیا۔ صندوق بے انتہا بھاری تھا۔ اور میرے مضبوط کندھوں میں سے وہ آوازیں نکل رہی تھیں جو درختوں کی سوکھی ٹہنیوں کے ٹوٹنے کے وقت نکلتی ہیں۔ لیکن میں گرتا پڑتا سیڑھیاں چڑھ گیا۔ جب میرے سر سے صندوق اتار اگیا تو پروفیسر صاحب نے پوچھا "اب بتاؤ بچو کس کتاب میں مدد چاہیئے۔ کیا شیکسپیر سمجھ میں نہیں آ رہا یا ملٹن نے پریشان کر رکھا ہے"۔

اب سمجھ میں آیا کہ پروفیسر مجھے اپنا کوئی نالائق اسٹوڈنٹ سمجھ رہا ہے۔ میرے منہ سے تو خیر بات ہی نہیں نکل رہی تھی لیکن بینا نے غصّے سے اپنے پاپا کو بتایا کہ میں کون ہوں۔

بزرگوار پر اب پچھتاوے کا دورہ پڑ گیا۔ کہنے لگا "یہ میں نے کیا کر دیا۔ اپنے ہونے والے داماد کو قلی بنا کر رکھ دیا"۔ میں نے بہتیرا کہا کہ "جو ہو گیا سو ہو گیا" لیکن وہ کہے جاتے تھے کہ "جب تک اس گناہ کا کفارہ نہیں کر لوں گا میرے دل پر ایک بوجھ سا رہے گا"۔

کچھ دیر سوچ میں غرق رہے اور پھر ایک دم چہک اٹھے۔ "سوچ لیا۔ میرے گناہ کا کفارہ یہی ہے کہ یہ صندوق وہیں جائے جہاں سے آیا ہے"۔ میرے اور بینا کے احتجاج

کے باوجود انھوں نے وہ صندوق مجھ پر دوبارہ لادا اور مجھے نیچے لے جانے کا حکم دیا۔

جب میں ہانپتا کانپتا نیچے پہنچا اور صندوق میرے سر سے اتروایا گیا تو بزرگوار نے فرمایا کہ میرے دل سے اب بوجھ اتر گیا ہے۔ اب میں بخوشی بینا کا ہاتھ تمہارے ہاتھ میں دے سکتا ہوں۔

صندوق تو خیر میرے سر سے اُتر گیا۔ لیکن بینا کا بوجھ جو میرے کندھوں پر لادا گیا وہ میں پچھلے پچیس سال سے اٹھائے پھر رہا ہوں۔ اسی بوجھ کی وجہ سے مجھ میں یہ سکت بھی نہ رہی کہ کوئی اور عشق کروں۔

حالانکہ میں عشق کی تین دشوار گذار منزلوں سے گذرا ہوں لیکن موجودہ سفارشی دور میں مجھے شبہ ہے کہ عشق کے داستان گو مجھے خاطر میں نہیں لائیں گے۔ اس لئے خود میں نے اپنی داستان تحریر کر دی ہے کہ سند رہے۔

دِل ہی تو ہے

٦ راپریل ١٩٨٧ء کی بات ہے میں دفتر میں اپنے ایک شاعر دوست کے ساتھ بیٹھا تھا کہ میرے دل میں شدید درد اٹھا۔ اسی درد کو بعد میں دل کے دورے کا نام دیا گیا۔ دفتری زبان میں 'دورے' کے لفظ کو دل و جان سے پسند کیا جاتا ہے۔ لیکن دل کے دورے سے بڑے بڑے خوف کھاتے ہیں۔ بظاہر دو دوروں میں اتنا فرق ہونا تو نہیں چاہیئے۔ لیکن کیا کیا جائے کب ہے۔ میرا خیال ہے اگر سرکار اپنے اُن افسران کو جو دورے کے ہردم متلاشی رہتے ہیں۔ یہ بتا دے کہ دورے کے ساتھ آپ کے دل کو بھی دورے پر بھیجا جائے گا تو مجھے یقین ہے کہ سرکاری خرچ میں لاکھوں روپے کی بچت ہو سکتی ہے۔

میں اپنے دل کے دورے کا ذمہ دار اپنے شاعر دوست کو نہیں ٹھہراتا۔ کیونکہ وہ بے چارا تو مجھے وہی شعر سُنا رہا تھا جو میں سینکڑوں بار پہلے سُن چکا تھا اور میں اُسے وہی داد دے رہا تھا جو پہلے کئی بار دے چکا تھا۔ مجھے اس سے شکایت ہے تو بس اتنی کہ جب میں نے اُس سے ذکر کیا کہ میرے دل میں درد اُٹھ رہا ہے تو بجائے مجھے ہسپتال لیجانے کے اس نے مجھے یہ کہہ کر تسلی دی کہ مرزا غالب نے کہا ہے کہ ؎

دل ہی تو ہے نہ سنگ و خشت درد سے بھر نہ آئے کیوں

اُس دن مجھے احساس ہوا کہ ہمارے شاعروں نے سینکڑوں ایسے شعر کہہ رکھے ہیں جو بوقت ضرورت کام آنے کی بجائے نہایت خطرناک ثابت ہو سکتے ہیں۔ ہمارے ایک چچا

ایک اردو شعر ہی کی وجہ سے اپنی جان کھو چکے ہیں۔ جنگل میں ایک ندی میں نہاتے ہوئے انھوں نے ایک شیر کو اپنی طرف بڑھتے ہوئے دیکھا۔ سر پہ پاؤں رکھ کر بھاگنے کی بجائے وہ ایک طرف کو ہٹ گئے کیونکہ انہوں نے اردو شاعر کا یہ مصرعہ سُن رکھا تھا کہ ع

شیر سیدھا تیرتا ہے وقتِ رفتن دیکھ کر

لیکن شیر کو اس مصرعہ کا علم نہیں تھا۔ چنانچہ اُس نے سیدھا تیرنے کے بجائے دائیں طرف رُخ کیا اور چچا جان کو جا لیا۔ میری چچی نے اس شاعر پر ہرجانے کا مقدمہ درج کرنے کی سوچی تھی، لیکن جب اُسے معلوم ہوا کہ مقدمے کا معاملہ یہ ہوتا ہے کہ جب ملزم شاعر اور مظلومہ چچی خدا کی بخشی ہوئی زندگی گذار کر اس جہانِ فانی سے رخصت ہو جائیں گے۔ مقدمہ ابھی تک چل رہا ہوگا تو اُس نے اپنا ارادہ ترک کر دیا۔

خدا کا شکر ہے کہ میرا چپراسی شاعر نہیں تھا۔ اس نے فوراً ٹیکسی بلائی اور مجھے ہسپتال لے گیا۔ دو تین دن تو ہمارے بے ہوشی میں گذر گئے اور جب ہوش آیا تو بال بچوں کی فکر دامن گیر ہوئی۔ میں نے سوچا اگر دل کا دورہ مہلک ثابت ہوا تو ان کا کیا بنے گا۔ پھر خیال آیا کہ اگر مہلت بھی مل گئی تو ہم کون سا تیر مار لیں گے۔ پھر یہ خیال آنے سے جی خوش ہو گیا کہ سینکڑوں ایسے دوست ہیں جن سے قرض لے کر بال بچوں اور بیوہ کے لئے ایک معقول رقم چھوڑی جا سکتی ہے۔

ہسپتال میں ایک مہینہ گذارنے کے بعد مجھے احساس ہوا کہ میرے دل کی رفتار کچھ نارمل سی ہو گئی ہے۔ ڈاکٹر سے میں نے ذکر کیا کہ میں اپنے آپ کو تندرست محسوس کر رہا ہوں۔ اُس نے پوچھا "آپ کو کیسے پتہ؟ آپ ڈاکٹر ہیں کیا!" میں نے کہا "ڈاکٹر تو نہیں ہوں، لیکن کچھ دنوں سے نرسوں سے میری دلچسپی بڑھ رہی ہے۔ اِس میں مجھے شک ہوا کہ رُوبہ صحت ہوں"۔ وہ ہنسا اور ایک لمحہ کے لئے ڈاکٹر سے مزاح نگار بن گیا۔ کہنے لگا "آپ کو اتنا تو معلوم ہوگا کہ دیئے کی لَو جب بجھنے کے قریب

ہوتی ہے تو کچھ زیادہ بھڑکنے لگتی ہے"۔ یہ سنتے ہی نرسوں میں میری دلچسپی ختم ہو گئی۔

جب میں ہسپتال میں داخل ہوا تھا تو ڈاکٹر اور نرسیں مجھے دلیپ سنگھ کہہ کر مخاطب کرتی تھیں کچھ دنوں کے بعد بھائی صاحب کہنے لگے کچھ اور دن گذرے تو مجھے انکل کہنے لگے۔ میں حیران کہ ایسا کیوں ہو رہا ہے۔ ایک دن آئینہ دیکھا تو حقیقت مجھ پر واضح ہو گئی۔ میں کئی دنوں سے داڑھی کو خضاب لگا رہا ہوں۔ کیونکہ خضاب اعلیٰ کوالٹی کا ہوتا ہے۔ اس لئے میری عمر پر پردہ ڈالے ہوئے تھا۔ ہسپتال میں چونکہ خضاب کی سہولت مہیا نہیں تھی۔ اس لئے میری عمر دن بہ دن بڑھ رہی تھی۔ میں نے سوچا کہ اس سے پہلے کہ ہسپتال کے لوگ مجھے بابا جی کہنے لگیں، یہاں سے کھسکنا چاہیئے۔

ہسپتال والوں نے مجھے اس ہدایت کے ساتھ گھر بھیج دیا کہ چھ ہفتے مکمل آرام کروں۔ گھر پہنچا تو مزاج پرسی کرنے والوں کا تانتا بندھ گیا۔ ہمارے ہاں مزاج پرس مریض کا مزاج پوچھنے کی بجائے اپنے مزاج کی خبر زیادہ دیتے ہیں۔ چنانچہ چند ہی دنوں میں مجھے پتہ چل گیا کہ میرے کس کس دوست کو گٹھیا ہے اور کس کس کی آنکھوں میں موتیا بند اتر رہا ہے کس کس کو سنائی کم دیتا ہے اور کس کس کو دکھائی کم۔ کس کس پر فالج گر چکا ہے اور کون عین وقت پر پرے ہٹ گیا اور فالج اس کے قریب بیٹھی اس کی بیوی پر آگرا۔ مجھے نہ صرف اپنے دوستوں کی بیماریوں کی مکمل اطلاع مل گئی۔ بلکہ ان کے پورے خاندان کی بیماریوں کا بھی علم ہو گیا۔ مجھے تو یہاں تک پتہ چل گیا کہ ان کے بزرگوں نے اس جہانِ فانی سے کوچ کرتے وقت کن کن بیماریوں کا سہارا لیا تھا۔

تقریباً ہر مزاج پرس نے مجھے دل کے دورے کے علاج بھی بتلائے۔ مجھے اپنی بیماری کے دوران احساس ہوا کہ ہم سب کے اندر کسی کونے کھدرے میں ایک حکیم چھپا بیٹھا رہتا ہے جو کسی بیمار کو دیکھتے ہی فوراً باہر نکل آتا ہے اور نسخے پر نسخہ لکھنا شروع کر دیتا ہے کبھی کبھی یہ حکیم بڑے خطرناک وقت پر بیدار ہو جاتا ہے۔ مجھے یاد ہے کہ ہمارے

۶۴

ایک بزرگ جب بہت بیمار ہوئے تو میں نے اُن کے علاج کے لئے ایک ڈاکٹر کو بُلایا۔ ڈاکٹر جب ان کا معائنہ کر رہا تھا تو اُسے چھینک آگئی۔ اُس چھینک کو سُن کر بزرگ کے اندر سویا ہوا حکیم جاگ اٹھا اور ڈاکٹر سے کہنے لگا "بیٹا تمہیں تو بہت زوروں کا زکام ہو رہا ہے۔ اس کا فوری علاج نہ ہوا تو یہ فلو میں تبدیل ہو جائے گا۔ گھر جاؤ اور جوشاندے کی چائے بنا کر پیو۔ رات کو سونے سے پہلے منقے کے تین دانے اور ایک چھوہارا دودھ میں ڈال کر پی جاؤ۔ انشاءاللہ شفا ہوگی۔ یہ کہتے کہتے ان کی اپنی روح قفسِ عنصری سے پرواز کر گئی۔

تیمار داروں کا صرف ایک فائدہ ہے۔ وہ یہ کہ عام طور پر جب یہ آتے ہیں تو ایک تھیلا پھلوں کا ساتھ لاتے ہیں۔ ان پھلوں سے مریض کو کوئی فائدہ ہو نہ ہو، اُس کے گھر والوں کی صحت ضرور بہتر ہو جاتی ہے۔

میری بیماری کے دوران گھر میں پھلوں کے استعمال میں خوب اضافہ ہوا۔ گھر والوں نے جب دیکھا کہ میں عنقریب ٹھیک ہوا چاہتا ہوں تو دھڑا دھڑ رشتہ داروں اور دوستوں کو فون کرنے شروع کر دیئے کہ آپ تیمار داری کے لئے جلد تشریف لایئے۔ ان لیٹ آنے والوں میں میرا ایک مزاح نگار دوست بھی تھا۔ جب وہ آیا تو میں نے شکایت کی "اتنے دنوں سے میں بیمار پڑا ہوں۔ آپ مجھے دیکھنے ہی نہیں آئے"۔ اُس نے جواب دیا۔ "آپ مجھے الزام دے رہے ہیں لیکن آپ کو اندازہ بھی ہے کہ بازار میں سنگتروں کا بھاؤ کیا ہے۔ آج ہی ریٹ کچھ گرا تو میں فوراً چلا آیا۔"

مزاح نگاروں کی عادت ہے کہ ایسے سنگین موقع پر بھی اپنے فن کا مظاہرہ کرنے سے باز نہیں آتے۔ ایک مزاح نگار نے مجھے بتایا۔ آپ تیسرے مزاح نگار ہیں جسے دل کا دورہ پڑا ہے کسی کو ریسرچ کرنی چاہئے کہ مزاح نگاری اور دل کی بیماری کا آپس میں کیا رشتہ ہے۔ ایک اور صاحب نے کہا کہ چلئے اس بیماری کی وجہ سے آپ کو یہ تو معلوم

ہو گیا کہ آپ کے پہلو میں دل ہے ۔ ہمیں تو یہ بھی نہیں معلوم کہ ہم نے جو اپنے معشوق کے نام کر رکھا ہے وہ دل ہی ہے کوئی پتھر کا ٹکڑا تو نہیں ۔ میں نے کہا یقیناً پتھر کا ٹکڑا ہو گا۔ کیوں کہ میں نے آج تک آپ کو کام کی کوئی چیز کسی دوسرے کے حوالے کرتے نہیں دیکھا۔

میرے ایک دوست نے مجھ سے ہمدردی جتاتے ہوئے کہا کہ آپ ٹھیک تو ہو جائیں گے لیکن زندگی کا لطف جاتا رہے گا۔ خوراک آپ کو بہت سادہ کھانا پڑے گی۔ میں نے کہا "وہ تو ہے "۔ کہنے لگے " ناؤنوشس پر تو مکمل پابندی لگ گئی ہو گی "۔ میں نے کہا " وہ تو ہے "۔

اب تک ان کی ہمدردی سے آتنا متاثر ہو چکا تھا کہ میں نے کہا " دیکھئے قسمت کی بات ہے ۔ کچھ دن پہلے ہی ایک بوتل سکاچ خرید کے لایا تھا ۔ لیکن اب وہ میرے کس کام کی۔ اس الماری میں پڑی رہے گی "۔ انہوں نے الماری میں سے بوتل نکالی اور میری آنکھوں کے سامنے اسی تھیلے میں ڈال لی جس میں سے چند کیلے نکال کر انہوں نے میرے سامنے رکھے تھے ۔ کہنے لگے " مشکل وقت میں دوست ' دوست کے کام نہیں آئے گا تو پھر کون آئے گا "۔

دل کی بیماری کے سلسلے میں مجھے کچھ مفید مشورے بھی ملے ' جن میں ایک یہ بھی تھا کہ اب مجھے بسوں میں سواری کرنے کی بجائے موٹر خریدنی چاہیئے اور اسے چلانے کے لئے ایک ڈرائیور رکھنا چاہیئے ۔ ظاہر ہے میرے دوستوں کا خیال تھا کہ مجھے دل کا دورہ نہیں پڑا ۔ میری لاٹری نکلی ہے ۔

دل کی بیماری کی وجہ سے نقصان تو بہت ہوئے لیکن ناشکر گذاری ہو گی اگر فوائد کا ذکر نہ کیا جائے ۔ اس بیماری کی وجہ سے دفتر میں میرا وقار بہت بڑھ گیا ہے ۔ میرے افسرانِ بالا بات کرتے وقت مجھ سے آواز تک اونچی نہیں کرتے کہ کہیں

میری موت کا الزام ان کے سر نہ آ جائے۔ میں دن بھر ہاتھ پر ہاتھ بلکہ دل پر ہاتھ دھرے بیٹھا رہتا ہوں، لیکن کیا مجال جو کوئی کام کہہ دے۔ اس بیماری کی وجہ سے مجھے وزن کم کرنا ضروری تھا۔ میں نے دیکھا کہ وزن کے گھٹنے سے میرے جسم کے کئی ایک پرزے سکڑ گئے۔ اس وجہ سے مجھے پورا وارڈروب نیا مل گیا۔ یہ کوئی معمولی فائدہ نہیں ایک ایسے شخص کے لئے جس نے آج تک کبھی درزی کو ناپ نہیں دیا۔ خدا کے فضل سے ہم سات بھائی ہیں۔ ہمارے گھر میں کپڑے ہمیشہ بڑے بھائی صاحب کے ہی سلتے رہتے ہیں۔ جنھیں ہم سارے بھائی باری باری پہنتے ہیں۔ اس لئے ناپ ہمیشہ ان ہی کا لیا جاتا تھا۔ میں نے تو انگریزی میں ایم۔ اے محض اس لئے کیا کہ بھائی صاحب نے کیا تھا۔ ورنہ میری دلچسپی تاریخ میں تھی۔ والد صاحب کہا کرتے تھے کہ اگر تم نے ہسٹری لی تو ان کتابوں کا کیا کروگے جو میں تمہارے بڑے بھائی کے لئے خرید چکا ہوں۔ بیماری کے بعد جب میں پہلی بار درزی کو ناپ دینے گیا تو اس کے ہاتھ لگانے سے مجھے بڑی گدگدی ہوئی۔ درزی حیران ہو کر پوچھنے لگا "کھی کھی کیوں کر رہے ہو۔ زندگی میں پہلے کبھی ناپ نہیں دیا۔" میں اس کو سچ کیا بتاتا۔ گھر کے بھید کوئی دوسرں کو بتاتا ہے کیا؟

ایک فائدہ اس بیماری کا یہ بھی ہوا کہ میں یہ مضمون لکھ پایا ہوں۔ تقریباً تمام مزاح نگار اپنی اپنی بیماریوں پر مضمون لکھ چکے ہیں۔ کسی نے داڑھ کے درد کا قصہ لکھا تو کسی نے ٹانگ ٹوٹنے کی داستان۔ مجھے محسوس ہونے لگا کہ میری اچھی صحت نے مجھے ایک مضمون سے محروم کر رکھا تھا۔ میں اپنے بیمار دل کا شکر گذار ہوں جس کی وجہ سے اب میں بھی دوسرے مزاح نگاروں کے سامنے گردن اکڑا کر کہہ سکتا ہوں کہ ہم بھی ہیں اب پانچوں سواروں میں۔

۶۶

جشنِ جُدائی

کہنے والے کہتے ہیں کہ امریکہ کا باوا آدم ہمارے باوا آدم سے قطعی مختلف ہے۔ وجہ اس کی یہ بیان کی جاتی ہے کہ جو حرکتیں ہمارے یہاں ہوتی ہیں، وہ وہاں نہیں ہوتیں اور جو تماشے وہ کرتے ہیں، ہم انھیں دیکھ کر شرم سے پانی پانی ہو جاتے ہیں۔ مثلاً ہمارے یہاں اگر دلی کے چاندنی چوک میں تھالی اچھالیے تو سرہی سر جائے اور وہی تھالی اگر نیویارک کے کسی بازار میں اچھالیے تو دوسو ڈالر جرمانہ ہو جائے۔ ہمارے یہاں اگر کوئی پان کھا کر تھوکنا چاہے تو اسے اُگالدان پیش کیا جاتا ہے۔ امریکہ میں اگر کوئی کچھ کھا کر تھوکنا چاہے تو اسے گھر سے باہر کیا جاتا ہے۔

جب میں امریکہ پہنچا تو میں جانتا تھا کہ وہاں عجیب وغریب تماشے دیکھنے کو ملیں گے اس کے باوجود جب میں نے نیویارک کے ایک اخبار میں مندرجہ ذیل خبر پڑھی تو ایک لمحہ کے لئے میرے ہوش وحواس جاتے رہے۔

"بیواؤں اور رنڈووں کے کلب کی اس ششماہی کی باقاعدہ میٹنگ
اس بار ۳۲۱ واشنگٹن ایوینو کے ہال میں بدھوار شام کو آٹھ بجے ہوگی
اس موقع پر ڈانس کے لئے ڈینس جون کا آرکیسٹرا میوزک مہیا کرے گا۔
کافی اور کیک کلب کی طرف سے پیش کئے جائیں گے۔"

ہمارے رسم ورواج کے مطابق اوّل تو رنڈوے اور بیوائیں آپس میں کھلم کھلا کوئی میٹنگ کریں گے نہیں اور اگر کریں گے تو محض اس لئے کہ اپنے حالات پر مل کر

رولیں۔ مل کر رونے کا رواج خالص ہندوستانی ہے۔ ہم نے اپنی آنکھوں سے دیکھا ہے کہ ایک عورت ہنستی کھیلتی ایک ایسے گھر میں داخل ہوئی جہاں کوئی حادثہ ہو چکا تھا اور جونہی اُس نے دُوسری عورتوں کو دیکھا ایک ایسی زوردار چیخ ماری کہ بڑی سے بڑی اداکارہ بھی دیکھ کر شرما جائے۔

خبر میں جہاں کافی اور کیک کا ذکر تھا وہ تو ہماری سمجھ میں آ گیا کہ آدمی شادی شدہ ہو یا رنڈوا بھوک تو اسے بھی لگتی ہے۔ لیکن ڈینس جون آرکیسٹرا کا وہاں کون سی دھن بجانے کا چکر تھا۔ میں نے سوچا کہ خود جا کر دیکھنا چاہئے۔ یہ امریکی رنڈوے اور بیوائیں کیا کرنے پر تلے ہوئے ہیں۔

موقع کا خیال کرتے ہوئے میں نے مناسب لباس پہنا۔ موقع کے لحاظ سے مناسب لباس پہننے کی عادت کی وجہ سے میں نے کئی معرکے سر کئے ہیں۔ اچھا سوٹ پہن کر میں نے کئی براتوں میں شرکت کی ہے۔ حالانکہ مجھے نہ لڑکی والے جانتے تھے نہ لڑکے والے۔ ایک بار میں کالی پتلون اور دھاری دار کوٹ پہن کر اور گلے میں ایک ڈھول ڈال کر بینڈ میں شامل ہو گیا۔ بینڈ ماسٹر نے جب بینڈ والوں کو پچاس پچاس روپے ڈال کر لفافے بانٹے تو اُس نے ایک لفافہ میرے ہاتھ میں بھی تھما دیا۔

رنڈووں کو یقین دلانے کے لئے کہ میں بھی اُن میں سے ایک ہوں میں نے کوٹ کا ایک بٹن توڑ دیا۔ پتلون کی پریس خراب کر دی اور دونوں جوتوں میں الگ الگ رنگ کے تسمے باندھ لئے ارادہ تھا کہ الگ الگ رنگ کے دو جوتے پہن لوں۔ لیکن پھر سوچا کہ اس طرح میں کئی سال پرانا رنڈوا لگوں گا۔

محفل میں پہنچ کر احساس ہوا کہ صرف میرا لباس ہی مناسب تھا۔ باقی سبھی لوگ خوب سج دھج کر آئے ہوئے تھے۔ لباس ان کا وہ تھا جو ہمارے یہاں براتیوں کا ہوتا ہے۔ ان کے ہشاش بشاش چہروں سے شک ہوتا ہے کہ کافی کے پیالوں میں کافی کے علاوہ کچھ

اور بھی ہے۔

میں نے جلدی جلدی چار چھ پیالے حلق سے اتارے۔ باہر سے میں کیا لگ رہا تھا اس کا مجھے علم نہیں لیکن اندر سے میں ایک اخبار کا نامہ نگار بن چکا تھا۔ میں نے کلب کے سکریٹری کو ڈھونڈ نکالا اور پوچھا کہ بھیا آپ کے کلب کا مقصد کیا ہے۔ کہنے لگا کہ ہمارا مقصد صرف یہ ہے کہ ہم ان تنہا لوگوں کی زندگی میں روشنی کی ایک کرن مہیا کریں۔ میں نے کہا حضور آپ کی سوسائٹی میں اس کی کیا ضرورت ہے۔ آپ کے رنڈوے اور بیوائیں تو جب چاہیں دوسری شادی رچا سکتے ہیں۔ بلکہ عین ممکن ہے کہ اُنکا سلسلہ کسی کنواری یا کنوارے کے ساتھ جُڑ جائے۔ اس نے میری طرف کچھ اس طرح دیکھا جیسے اس کو میری دماغی صحت کے بارے میں شک ہو" دوبارہ شادی! ارے بھائی یہ لوگ گھریلو جھگڑوں، باہمی کشمکش اور ایک دوسرے پر کیچڑ اچھالنے کا لطف لے چکے ہیں اب دوبارہ وہی فلم کیوں دیکھیں گے۔ اب تو بس کبھی کبھار ان کے دل میں محبت کا ایک شرارہ سا بھڑکتا ہے جسے ٹھنڈا کرنے کا انتظام ہم یہاں کر دیتے ہیں۔"

"لیکن آپ صرف بیواؤں کو ہی کیوں دعوت دیتے ہیں۔ کنواریوں کو کیوں نہیں؟ محبت کے شرارے کو ٹھنڈا کرنے میں وہ بھی تو مددگار ثابت ہو سکتی ہیں" کہنے لگا۔ "نہیں صاحب یہ ہم نہیں کریں گے۔ کیونکہ خدشہ ہے کہ کنواریوں کا دھیان شادی کی طرف چلا جائے گا اور اس طرح ہمارے رنڈوے بیچارے گمراہ ہو جائیں گے۔ لیکن بیوائیں گیان حاصل کر چکی ہیں۔ وہ یہ بیوقوفی ہرگز نہیں کریں گی۔"

اچانک میری نظر ایک ایسے رنڈوے پر پڑی جو دوسروں کے مقابلے میں کچھ زیادہ خوش نظر آ رہا تھا۔ یوں تو سبھی رنڈوے اپنی خوشی کا اظہار کچھ اس طرح کر رہے تھے جیسے کہہ رہے ہوں کہ جان بچی اور لاکھوں پائے۔ لیکن اس بھائی کو دیکھ کر لگتا تھا جیسے کہہ رہا ہو کہ جان بچی اور کروڑوں پائے۔۔۔۔ میرے دل نے کہا کہ دال میں کچھ کالا ہے تفتیش

کی تو معلوم ہوا کہ سب کالا ہی کالا ہے۔ دال تو بس نام کے برابر ہے۔ بات چیت سے پتہ چلا کہ بھائی دوسروں کی آنکھوں میں دھول جھونک رہا ہے۔ میں نے کہا "یہ بے ایمانی کس لئے"، کہنے لگا "یہ بے ایمانی نہیں ہے، اپنے مستقبل کو دیکھنے کی ایک معصوم سی کوشش ہے۔" میں نے پوچھا "وہ کیسے"۔ کہنے لگا "یہ ٹھیک ہے کہ میری ابھی تک شادی نہیں ہوئی لیکن کبھی نہ کبھی تو ہوگی۔ بیوی آئے گی تو کبھی نہ کبھی پر لوک سدھارے گی۔ میں یہ دیکھنے آیا ہوں کہ جب ایسا ہوگا تو میری زندگی کیسی ہوگی۔" دل ہی دل میں میں نے اس کی دوراندیشی کی داد دی اور آگے چل دیا۔

پھر میری نگاہ ایک ایسی بیوہ پر پڑی جو ایک کے بعد ایک ایک کے بعد ایک رنڈوے کے ساتھ کچھ اس جوش و خروش کچھ اس ولولے کے ساتھ ناچ رہی تھی، بغل گیر ہو رہی تھی جیسے کوئی حاتم طائی خیرات بانٹ رہا ہو اور وہ بھی اس طرح جیسے یہ اس کی زندگی کا آخری دن ہو۔ میں نے پوچھا "محترمہ آپ اس میٹنگ میں کیا لینے آئی ہیں۔" "لینے" وہ جھلا کر بولی۔ "میں کچھ لینے نہیں آئی، میں تو کچھ دینے آئی ہوں۔ جب میں نے اپنے مرحوم شوہر سے شادی کی تو اس سے وعدہ کیا تھا کہ میں دنیا بھر کی خوشیاں اس کی جھولی میں ڈال دوں گی۔ ابھی اس کی جھولی کا ایک کونہ بھی بھرنے نہ پایا تھا کہ اسے اوپر والے کا بلاوا آگیا۔ اب میں ان تنہا لوگوں میں خوشیاں بانٹ کر ایک طرح سے اپنے خاوند کو دیا ہوا وعدہ پورا کر رہی ہوں" اس کی دلیل سُن کر پہلے تو مجھے چکر آگیا۔ جب ذرا سنبھلا تو میں نے جھولی پھیلا کر کہا کہ محترمہ خوشی کا ایک ٹکڑا اس فقیر کی جھولی میں بھی ڈال دیجئے۔ اپنے مرحوم شوہر کی خوشی کی خاطر اس نے میری طرف غور سے دیکھا اور کہا "تم لوگ گھر میں سب کچھ ہوتے ہوئے مانگنے سے باز نہیں آتے۔" میں نے کہا "کچھ شوق سے۔ کچھ مجبوری کے تحت۔" وہ مسکرائی اور میرا ایک ہاتھ اپنے ہاتھ میں لے لیا اور دوسرا اپنی کمر میں لپٹا لیا اور ہم دونوں موسیقی کی تانوں میں کھو گئے۔

۷۰

مَرنا تِری گلی میں

اردو ادب میں ہزاروں ایسے شعر ہیں جن میں شعراء حضرات نے خواہش ظاہر کی ہے کہ وہ اپنے محبوب کی گلی میں مرنا چاہتے ہیں۔ اتنے سارے شعر پڑھنے کے باوجود میری سمجھ میں یہ نہیں آیا کہ اس خواہش کے پیچھے کونسا جذبہ کارفرما ہے؟

اگر کوئی شخص اپنے محبوب کو اپنے دل میں بسانا چاہتا ہے تو یہ بات میری سمجھ میں آتی ہے، کیونکہ شاعروں کا خیال ہے کہ اگر محبوب دل میں رہتا ہو تو اس کی صورت دیکھنے میں آسانی رہتی ہے ؎

"جب ذرا گردن جھکائی دیکھ لی"

اگر کوئی اپنے محبوب کے گھر کے سامنے والا مکان کرایہ پر لینا چاہتا ہے تب بھی بات سمجھ میں آتی ہے۔ کیونکہ اس طرح تاک جھانک کے موقعے آسانی سے ملتے رہتے ہیں۔ اگر کوئی شخص یہ خواہش رکھتا ہے کہ اس کی قبر اسی قبرستان میں ہو جس میں اس کا محبوب دفن ہے، تب بھی بات سمجھ میں آتی ہے کہ روزِ قیامت جب مُردے اٹھا کر قطار میں کھڑے کئے جائیں گے تو ممکن ہے کہ شاعر اور محبوب ایک ہی قطار میں ہوں اور ایک دوسرے کی خیریت پوچھ سکیں۔ لیکن محبوب کی گلی میں مرنا میری سمجھ میں نہیں آیا۔

۷۱

یوں بھی مرنا کوئی ایسا عظیم کارنامہ نہیں ہے جسے سر انجام دینے کے بعد آدمی یہ سمجھے کہ میں نے بڑا تیر مارا ہے۔ اگر کوئی زندگی میں کچھ بھی نہ کرے تو بھی ستر اسّی سال کی عمر میں مر ضرور جاتا ہے۔ بلکہ اگر دلّی کی بسوں یا ہسپتالوں کی مدد ملے تو یہ کارنمایاں جلدی بھی ممکن ہے۔ مرزا غالب جیسے سمجھدار آدمی نے موت کے بارے میں فرمایا ہے کہ۔

"موت کا ایک دن معیّن ہے"

جس کا ہمیں پہلے سے کوئی علم نہیں ہوتا۔ عام طور پر موت جب آتی ہے تو آدمی چارپائی پر ایڑیاں رگڑ رہا ہوتا ہے۔ ایسی حالت میں اگر وہ چاہے بھی تو محبوب کی گلی تک پہنچ نہیں سکتا۔ پھر یہ خواہش کس لئے؟

ہمارے ہاں کی گلیوں کی حالت کچھ اس طرح کی ہے کہ اُن میں مرنا تو درکنار چلنا پھرنا بھی دشوار ہے۔ اگر دلّی کے چاندنی چوک کے اِرد گرد کی گلیوں میں کبھی آپ کا گذر ہوا ہو تو آپ کی سمجھ میں شاید آجائے کہ میں کیا کہہ رہا ہوں۔ آپ گلی میں سے گذر رہے ہیں کہ آپ کے سر پر کوڑے کا ڈھیر آ پڑا۔ بجائے اِس کے کہ کوئی آپ کے کپڑے جھاڑتا، لوگوں نے آپ کی بگڑی ہوئی صورت پر قہقہے بلند کیے۔ گلیاں تنگ و تاریک اتنی کہ دن میں ہاتھ کو ہاتھ سجھائی نہ دے۔ باہر آندھی چل رہی ہو تو اِن گلیوں میں یوں لگتا ہے جیسے کوئی اپنے لاڈلے کو پنکھا کر رہا ہے۔ ان گلیوں میں ایک بار گھس جاؤ تو باہر آنے کا راستہ سجھائی نہیں دیتا۔ وہ جو اُستاد ذوقؔ کا شعر ہے ناکہ۔

آج کل گرچہ دکن میں ہے بڑی قدرِ سخن
کون جائے ذوقؔ پر دِلّی کی گلیاں چھوڑ کر

کئی سال تک میں اس شعر کا مطلب یہ سمجھتا رہا کہ دکن میں قدرِ سخن ہونے کی وجہ سے کمائی کی صورت ہو سکتی ہے لیکن میں جو دلّی کی گلیوں میں پھنسا ہوا ہوں، اِن سے نکلنے کا مجھے راستہ ہی سجھائی نہیں دیتا تو میں دکن جاؤں کیسے۔ بعد میں کسی شفیق استاد سے معلوم ہوا کہ یہ بات

نہیں تھی ۔ ذوق کو راستہ تو معلوم تھا لیکن محبت کی وجہ سے وہ دلّی کی گلیاں چھوڑنے کو تیار نہیں تھے ۔ ٹھیک ہے صاحب لوگوں کو خرگوشوں اور گلہریوں سے محبت ہو جاتی ہے۔ کبوتروں اور بلبلوں سے بھی محبت ہو جاتی ہے ۔ یہ تو پھر دلّی کی گلیاں ہیں !

ہو سکتا ہے کہ ہمارے شعرا کو خیال ہو کہ اگر محبوب کی گلی میں اُن کی موت ہو جائے تو شاید وہ اُن کا سر اپنے زانو پر لے کر اور بال کھول کر زار و قطار روئیں اور اس طرح انہیں اپنے محبوب کے حسن کو بغور دیکھنے کا موقعہ ملے گا ۔ اُن کو شاید اس بات کا احساس نہیں کہ مُردے کی بینائی نہیں ہوتی ۔ علاوہ ازیں جس محبوب نے اپنی زندگی میں انہیں گھاس نہ ڈالی وہ بھلا مرنے کے بعد ان کا سر اپنے زانو پر کیوں لے گا ۔ لیکن یہ ٹھہرے شاعر لوگ ' یہ کہاں سمجھنے والے ہیں ۔

اگر آدمی اپنے گھر میں اپنے عزیز و اقارب کے درمیان مرے تو اس کے کئی فائدے ہیں ۔ یہاں وہ لوگ بھی آپ کی موت پر آنسو بہاتے ہیں جو درحقیقت آپ کی موت پر شیرینی بانٹنا چاہتے ہیں ۔ آپ کی لاش کو لوگ عزّت سے کندھوں پر اٹھا کر قبرستان تک لیجاتے ہیں اور نہایت حفاظت کے ساتھ آپ کو قبر میں اس طرح اتارا جاتا ہے کہ کہیں چوٹ نہ لگے ۔ لیکن گلی میں مرنے والے کی لاش کو عام طور پر میونسپلٹی کے حوالے کر دیا جاتا ہے ۔ اور میونسپلٹی مُردوں کے ساتھ جو سلوک کرتی ہے وہ تقریباً ویسا ہی ہوتا ہے جیسا سلوک وہ عام طور پر زندہ لوگوں کے ساتھ کرتی ہے ۔

شاعروں کا تو خیر باوا آدم ہی نرالا ہے ، لیکن اتنا میں ضرور تسلیم کرتا ہوں کہ کئی بار کوئی بہت ہی حسین جگہ دیکھ کر وہاں مرنے کو جی مچل اٹھتا ہے ۔ اُس کی وجہ شاید یہ ہے کہ انسان کوئی خوبصورت جگہ دیکھ کر کسی نہ کسی طرح اس کا حصہ بن جانا چاہتا ہے اور ایسا سوائے وہاں دفن ہونے کے ممکن نہیں ۔ میں نے بچپن میں اپنی کورس کی کتاب میں پڑھا تھا کہ ایک دفعہ ایک ــــــ انگریز اپنی بیوی کو ساتھ لے کر تاج محل

دیکھنے آیا۔ بیوی محل کو دیکھ کر اس قدر مسحور ہوئی کہ اس نے وہیں اسی وقت مرنے کا فیصلہ کر لیا۔ لیکن ساتھ ہی ایک شرط بھی لگا دی۔ اُس نے اپنے خاوند سے کہا:

"ڈارلنگ میں آج اور اسی وقت مرنے کو تیار ہوں اگر تم میرا ایسا ہی مقبرہ بنانے کا وعدہ کرو۔"

انگریز شوہر اپنی آزادی کی خبر سُن کر خوش تو بہت ہوا لیکن تاج محل کی تعمیر کے خرچ کا حساب لگا کر کہنے لگا۔

"نہیں ڈارلنگ! میں تمہیں ہرگز مرنے نہیں دوں گا۔ تمہاری موت تو مجھے برباد کر دے گی۔"

چار پانچ سال پہلے میں ملازمت کے سلسلہ میں مغربی یوروپ کے ملک آسٹریا کی راجدھانی وی آنا میں تھا۔ یہ شہر دنیا کے حسین ترین شہروں میں گنا جاتا ہے۔ اس کے حُسن کو دیکھ کر میرے دل میں بھی خیال آیا تھا کہ میں اگر یہاں مر جاؤں تو میں بھی اس حُسنِ لازوال کا حصہ بن سکتا ہوں۔ لیکن وہاں مرنے کے بعد میرے ساتھ کیا سلوک کیا جائے گا، اس کا مجھے اندازہ نہیں تھا۔ مجھے تو یہ بھی معلوم نہیں تھا کہ اگر میں یہ حرکت کر گزروں تو میری لاش کو ٹھکانے لگانے پر کیا خرچ ہوگا، کنبے کے باقی افراد پر کیا گذرے گی وغیرہ۔ اس لئے میں اپنے ارادے کو ملتوی کرتا گیا۔

اس طرح دو تین سال گذر گئے۔

یوروپین لوگ پتہ نہیں کس طرح ہماری خفیہ خواہشات کا پتہ لگا لیتے ہیں۔ — ایک دن مجھے ایک دعوت نامہ ملا۔ جس میں لکھا تھا کہ آسٹرین سرکار کی طرف سے فلاں مقام پر ایک سیمنار ہوگا، جس میں اس بات پر بحث ہوگی کہ اگر کوئی غیر ملکی "وی آنا" میں مر جائے تو اُس پر کیا گذرے گی۔

دعوت نامہ پڑھ کر مجھے احساس ہوا کہ آسٹرین سرکار محض میرے ذہن میں اُبھرے ہوئے

سوالات کا جواب دینے کے لئے یہ سیمینار کروا رہی ہے۔

سیمنار میں کیا ہوا اس کا ذکر تو بعد میں کروں گا۔ ذرا دعوت نامے کا مضمون پڑھ لیجیے۔ لکھا تھا:

"ہمیں اعتراف ہے کہ وی آنا میں مرنے کے کچھ نقصانات ہیں۔"

یہاں تک پڑھ کر مجھے ایسا لگا جیسے دعوت نامہ بھیجنے والے یہ کہہ رہے ہوں کہ اور کہیں مرنے میں فائدے ہی فائدے ہیں۔ آگے لکھا تھا:

"چونکہ لوگ عام طور پر موت کے تصور سے ہی گھبرا جاتے ہیں اور اس کے نتائج پر غور کرنے سے کتراتے ہیں۔ اس لئے آسٹرین سرکار نے فیصلہ کیا ہے کہ اس زمین دوز مضمون پر بحث کرنے کے لئے ایک سیمنار کیا جائے اور اس معاملہ کی تہہ تک پہنچا جائے۔"

میں جب سیمنار میں پہنچا تو وہاں لوگوں کی خاصی بھیڑ تھی۔ مجھے احساس ہوا کہ میری طرح ہزاروں اور لوگ وی آنا میں مرنے کے خواہش مند ہیں۔

پہلی تقریر وہاں کے نیشنل بنک کے گورنر کی تھی جس نے اس بات پر زور دیا کہ مرنے والے کے لئے ضروری ہے کہ اگر اس کا پیسہ ہمارے بنک میں ہے تو اپنے ورثا کے نام ہمیں بتا کر جائے۔ میں نے اس کی تقریر سنی ان سنی کر دی کیونکہ میرا وہاں کے بنک میں کچھ تھا ہی نہیں۔ ویسے بھی ہم ہندوستانیوں کا عقیدہ ہے کہ

کوڑی نہ رکھ کفن کو
دے گا خدا دفن کو

دوسرا مقرر امی گریشن آفیسر تھا۔ جس نے اس نکتے کی وضاحت کی کہ اگر کوئی غیر ملکی آسٹریا میں مر جائے گا تو اس کے کنبے کے دوسرے لوگوں کو اس ملک سے جانا ہوگا۔ ازراہِ نوازش اس نے یہ بات صاف کر دی کہ کنبے کے لوگوں کو وہاں

نہیں جانا ہوگا، جہاں مرنے والا جارہا ہے۔ بلکہ وہاں جانا ہوگا، جہاں سے وہ آیا تھا۔
لیکن اصل دلچسپ اور ضروری تقریر کفن دفن کرنے والی ایک فرم کے جنرل مینجر کی تھی۔ اُس نے نہایت دلچسپ انداز اور ہشاش بشاش لہجے میں اس سفر کے تمام پڑاؤ کا ذکر کیا جن سے ایک مُردے کو اپنے مالکِ حقیقی سے ملنے کے لیے گذرنا ہوگا۔ کہنے لگا:

"جنّت کی راہ بڑی کٹھن ہے۔ میت کتنا بھی زور لگائے، کتنا بھی دوڑے ایک ہفتہ تو محض قبرستان کے انتظامیہ سے ملاقات ہونے میں لگ جاتا ہے۔" "لیکن" وہ کہنے لگا کہ "ہم" [اور لفظ "ہم" پر زور دینے کی غرض سے اُس نے جو میز پر مکہ مارا تو میں زمین دوز ہوگیا۔]
"کسی جلد باز میت کے لئے پندرہ ہزار روپے کی معمولی فیس لے کر اُسے پہیئے لگا دیں گے۔"

وہ کہنے لگا:

"آپ لوگوں کے لباس اور چہرے مہرے سے عیاں ہے کہ آپ جب مریں گے تو کوئی معمولی مُردے نہیں ہوں گے۔ ظاہر ہے کہ آپ چاہیں گے کہ آپ کا کفن دفن اعلیٰ درجے کا ہو۔ ہم آپ کے لئے یہ کریں گے کہ معمولی سی فیس لیں گے اور وہ فیس ہوگی پچھتر ہزار روپے کی حقیر رقم!
اس معمولی رقم میں اگر آپ چاہیں تو ہم آپ کی قبر تیار کروادیں گے اور اگر آپ چاہیں تو آپ کو نذرِ آتش کر دیں گے۔ یہ مت سمجھئے کہ ہمارے ہاں شمشان نہیں ہیں۔ ہیں صاحب، اور کیا شمشان ہیں صاحب کہ انہیں دیکھ کر میت کی آنکھیں کھلی کی کھلی رہ جائیں گی۔ آپکی لاش کو لفٹ کے ذریعے بیس منٹ میں لے جایا جائے گا اور جب تک آپکے ورثاء تین گن لیں آپ اپنے مالکِ حقیقی کے قدموں میں بیٹھے ہونگے۔ ہم نہ لکڑی جلائینگے

اور نہ کوئلہ، اور آپکا کام تمام ہو جائیگا۔ بس دھویں کا ایک ہلکا سا بادل فضا میں ابھرے گا اور آپکے ورثا میر کا یہ مصرعہ حیران ہو کر پڑھیں گے کہ

ع "یہ دھواں سا کہاں سے اُٹھتا ہے"

تقریر جاری رکھتے ہوئے اس نے کہا:

"اگر آپکی میت پر آنسو بہانے والے کسی اور ضروری کام میں مصروف ہوں یا کسی خاص وجہ سے رونے دھونے پر رضا مند نہ ہوں تو ہم آپ کیلئے یہ خدمت بھی سرانجام دیں گے۔ آپکا مقدور ہونا چاہئے۔ نوحہ گر ہم مہیا کریں گے۔"

اس کے علاوہ بھی اس سیمنار میں بہت سی تقریریں ہوئیں۔ پُرجوش اور پُرمغز۔ میں نے یہ سب تقریریں سُنیں اور اِن پر غور و خوض کرنے کے بعد بادلِ ناخواستہ اِس نتیجہ پر پہنچا کہ وہی آنا ہیں مرنے کی لاکھ کوشش میرے دل میں ہی لیکن اِس شہر میں زندہ رہنا کہیں زیادہ لذت بخش اور کہیں زیادہ سستا ہے۔ انگریز عورت کے خاوند کی طرح میری اہلیہ کا بھی خیال ہے کہ اس خوبصورت شہر میں مرنے کی بجائے میرے زندہ رہنے میں ہی ہم سب کی بھلائی ہے۔

نا گُم شُدہ کی تلاش

اُردو میں بھلے ہی پڑھنے والوں کی تعداد میں دن بدن کمی ہو رہی ہو لیکن اِس حقیقت سے کوئی انکار نہیں کر سکتا کہ اُردو ادب میں ریسرچ خوب ہو رہی ہے۔ مجھے کل ہی ایک پروفیسر بتا رہے تھے کہ ڈاکٹر اقبال نے شاید اتنے شعر نہیں لکھے جتنی ڈگریاں لوگوں نے اُن پر ریسرچ کر کے لی ہیں۔ میں نے جب پوچھا کہ آپ نے لفظ "شاید" کیوں استعمال کیا تو کہنے لگے:

"ابھی تک میں اِس موضوع پر ریسرچ کر رہا ہوں اور جب تک میری ریسرچ مکمل نہ ہو جائے۔ میں کوئی فیصلہ کُن رائے نہیں دے سکتا۔"

انہوں نے مجھ سے گذارش کی کہ میری ریسرچ کو صیغۂ راز میں رکھئے گا کیونکہ میں یہ نہیں چاہتا کہ کوئی میرا موضوع ہی لے اُڑے اور میں منہ دیکھتا رہ جاؤں۔

میرے خیال میں وہ خواہ مخواہ ڈر رہے تھے۔ اگر کوئی ان کا موضوع لے بھی اڑا تو گھبرانے کی بات نہیں۔ اُردو میں ابھی ریسرچ کے سینکڑوں موضوع ریسرچرز کی تلاش میں سرگرداں ہیں۔ مثلاً ابھی تک یہ طے نہیں ہو پایا کہ اقبال کو رائتہ پسند تھا یا کھیر۔ غالب کے معاشقوں کے سلسلے میں صرف ایک ڈومنی پر ریسرچ کی گئی ہے

باقی اور ڈومنیاں بھی تو ہوں گی جن کے ہاں اُن کے پھیرے ہوتے تھے اور جو ابھی تک زیر بحث یا زیرِ ریسرچ نہیں لائی گئیں۔

میرے خیال میں ریسرچ کے معاملہ میں اُردو ادب ایک ایسا کنواں ہے جس کے مستقبل قریب میں سوکھنے کا کوئی اندیشہ نہیں۔ خود ریسرچرز جب کسی موضوع پر ریسرچ کرتے ہیں تو اپنی تھیسس کے آخر میں اِس بات کا انتظام کر جاتے ہیں کہ اُن کی اولاد بھی اسی موضوع پر کام کر کے ڈگریاں کماتی رہے۔ آپ نے ریسرچ کی کتابوں کے آخر میں یہ جملہ پڑھا ہوگا کہ

"میری ریسرچ حرفِ آخر نہیں ہے۔ میں نے تو بس بحث کا آغاز کر دیا ہے۔ یہ تو ایک طرح کی دعوت ہے یارانِ نکتہ داں کے لئے کہ وہ اب اِس پر مزید کام کریں۔"

گویا انہوں نے غالبؔ کے معاشقوں کی ایک ڈومنی دکھا دی ہے۔ باقی ڈومنیوں کی تلاش کرنا آنے والی نسلوں کا کام ہے۔

ہمارے ریسرچرز لوگ بھی بڑے کنجوس واقع ہوئے ہیں۔ جب بھی کوئی موضوع چنتے ہیں تو عام طور پر اُس کے ذرا سے حصے پر ہاتھ ڈالتے ہیں۔ ہمارے عرب دوستوں کی طرح نہیں کہ زمین میں تیل مل گیا تو دھڑا دھڑ نکال کر بیچنا شروع کر دیا اور اس طرح جو رقم ہاتھ لگی اُس سے دھڑا دھڑ شادیاں کرنی شروع کر دیں۔ یہ بھی نہ سوچا کہ اِن شادیوں سے جو اولاد ہوگی وہ کیا بیچ کر کھائے گی۔ ہمارے ریسرچرز اِس معاملہ میں بڑے سمجھدار واقع ہوئے ہیں۔ وہ اگر مزاح نگاروں پر تھیسس لکھنا چاہتے ہیں تو کبھی یہ موضوع نہیں چنیں گے: "اُردو ادب کے مزاح نگار" بلکہ موضوع کا انتخاب یوں ہوگا: "دلی میں جمنا پار کے اُردو مزاح نگار" یعنی ایک بڑے دسترخوان سے کباب کا صرف ایک ٹکڑا اٹھا لیا اور بس۔ اس طرح ہزاروں لوگوں کا پیٹ بھر سکتا ہے۔

گویا ہندوستان میں جتنے شہر ہیں وہاں کے مزاح نگاروں پر ایک ایک تھیسس لکھا جاسکتا ہے۔ اور بالفرض کسی شہر میں کوئی مزاح نگار نہیں ہے تو تھیسس میں یہ بھی تو ثابت کیا جاسکتا ہے کہ ہندوستان کا یہ واحد ایسا شہر ہے جو مزاح نگاری کے نقطۂ نظر سے ویران ہے۔

آپ نے دیکھا ہوگا کہ ریسرچ کی بہت سی کتابوں کا موضوع کسی ادیب کا فن اور شخصیت ہوتی ہے۔ ہم نے ریسرچ کر کے یہ جاننے کی کوشش کی کہ ایسا کیوں ہے تو پتہ چلا کہ ایسی ریسرچ کا موضوع عام طور پر ادیب کا فرزند ارجمند چنتا ہے۔ اُسے آسانی یہ رہتی ہے کہ اس نے اپنے والد کو کھاتے پیتے، اُٹھتے بیٹھتے دیکھا ہوتا ہے۔ اس لئے وہ آسانی سے لکھ سکتا ہے کہ والد صاحب کو کھچڑی بہت پسند تھی۔ لکھتے وقت آلتی پالتی مار کر بیٹھتے تھے سوتے وقت سرہانے سے پرہیز کرتے تھے اور والدہ سے بات کرتے وقت کبھی آواز اونچی نہیں کرتے تھے وغیرہ۔

حال ہی میں ہمیں اس نوعیت کی ایک تھیسس پڑھنے کو ملی۔ شاعر صاحب کے فرزند ارجمند نے ان تمام پہلوؤں پر خوب روشنی ڈالی تھی، جن کا میں نے ابھی ذکر کیا ہے۔ لیکن یہ کہیں نہیں لکھا کہ والد صاحب کو کھچڑی کیوں پسند تھی یا والدہ محترمہ سے باتیں کرتے وقت وہ آواز اونچی کیوں نہیں کرتے تھے۔ مجھے اُن کی ریسرچ میں تشنگی کا احساس ہوا، اس لئے خود ہی ریسرچ کے اس میدان میں کود پڑا۔ شاعر مذکور کے پڑوسیوں اور رشتہ داروں سے بات چیت کرنے پر پتہ چلا کہ شاعر صاحب کو کھچڑی اس لئے پسند تھی کہ کھچڑی کے علاوہ کچھ اور کھانے کا مقدور رہی نہ تھا۔ لہٰذا کھچڑی اُن کی پسندیدہ خوراک قرار دی گئی۔ اور والدہ کے سامنے آواز اونچی اس لئے نہیں کرتے تھے کہ اُس خاتون کے آگے کوئی بھی آواز اونچی نہیں کرتا تھا۔ کون ایسی عورت کے منہ آئے جس کی زبان کے ذخیرے میں ایسے بے شمار لفظ ہیں جن پر نقطے نہیں ہوتے۔

ریسرچ عام طور پہ مُردہ ادیبوں پر کی جاتی ہے۔ وجہ اس کی یہ بتائی جاتی ہے کہ

مُردہ ادیب ریسرچر کی تردید کرنے کا اہل نہیں ہوتا۔ وہ ریسرچر پر یہ الزام نہیں لگا سکتا کہ

"تم نے دروغ گوئی سے کام لیا ہے، کس نے تم سے کہہ دیا تھا کہ میں نے آزادی کی جنگ میں قومی نظمیں لکھی تھیں۔ میں نے ایسا کوئی کام نہیں کیا تھا۔ وہ تو میری اولاد نے مجاہدِ آزادی کی اولاد ہونے کے ناطے پنشن لینے کے لئے درخواست میں لکھ دیا تھا۔ اور درخواست کے ساتھ جو نظمیں منسلک تھیں وہ میرے بیٹے نے دس روپے فی نظم کے حساب سے ایک زندہ شاعر سے لکھوائی تھیں۔"

جس ادیب پر ریسرچ کی جا رہی ہے اُس کی تاریخِ پیدائش کے متعلق ایک باب آسانی سے لکھا جا سکتا ہے۔ ہمارے دیش میں جہاں لوگوں کی اتنی اولاد ہوتی ہے کہ اُن کی گنتی مشکل ہو جائے ہر بچہ کی تاریخِ پیدائش یاد رکھنا کہاں ممکن ہے۔ تاریخِ پیدائش معلوم نہ ہونے کی وجہ سے قیاس آرائیوں میں دس بارہ روپے تو آسانی سے نکل جاتے ہیں۔ میں نے خود ایک مرتبہ اپنی والدہ سے اپنی صحیح تاریخِ پیدائش جاننے کی کوشش کی تھی۔ کہنے لگیں:

"تاریخ تو مجھے یاد نہیں، ہاں اتنا یاد ہے کہ اس دن بہت بارش ہوئی تھی اور گلیوں میں گھٹنے گھٹنے پانی تھا۔ دائی ہمارے گھر میں تمہارے پیدا ہونے کے بعد پہنچی تھی۔" — پھر کہنے لگیں:

"تمہاری موسی کو شاید معلوم ہو کہ وہ اُن دنوں میرے ہاں آئی ہوئی تھی۔ اگر تم چاہو تو موسی کو خط لکھ کر پوچھ لو۔"

میں نے کہا: "رہنے دو ماں، کیوں کسی ریسرچر کے پیٹ پر لات مارتی ہو۔"

میں نے اوپر کہا ہے کہ زندہ ادیبوں پر ریسرچ کرنے سے ریسرچر عام طور پر گھبراتے ہیں۔ میں اس غلط بیانی کی معافی چاہتا ہوں۔ مجھے ابھی ابھی پتہ چلا ہے کہ بہت سے زندہ ادیبوں پر نہ صرف ریسرچ کی جا رہی ہے بلکہ ہو چکی ہے اور وہ ادیب اپنی بغل میں

اپنا دیوان یا افسانوں کا مجموعہ لے کر پھرنے کی بجائے اپنے ریسرچ کا تھیسس لے کر پھرتے ہیں اور یہ کہتے ہوئے سنے گئے ہیں کہ قدرت کی ستم ظریفی دیکھیے کہ ہماری زندگی کے گوناگوں پہلوؤں کی چھان بین کرتے ہوئے لوگ ڈاکٹر بن گئے ہیں اور ہمیں اپنے علاج کے لئے ڈاکٹر کی فیس تک میسر نہیں۔

مضمون کو ختم کرنے سے پہلے میں ریسرچ کرنے والے طالب علموں کو ایک وارننگ دینا چاہتا ہوں۔ ہمارے شاعر حضرات کہتے ضرور ہیں کہ ہماری زندگی کی مکمل تصویر ہمارے اشعار میں ہے۔ لیکن یہ بات ان کی تاریخ پیدائش کی طرح قابلِ اعتبار نہیں۔ غالب نے اپنے ایک شعر میں کہا ہے کہ ؎

چند تصویرِ بتاں، چند حسینوں کے خطوط
بعد مرنے کے مرے گھر سے یہ ساماں نکلا

ہوسکتا ہے یہ شعر پڑھنے کے بعد کوئی ریسرچر ان تصاویر اور خطوط کی تلاش میں سرگرداں ہو۔ اس لئے میں یہ بات صاف کر دینا چاہتا ہوں کہ ایسا کوئی سامان اُنکے گھر سے نہیں نکلا تھا۔ اپنی بات کے ثبوت میں میں دو باتیں کہنا چاہوں گا ایک تو یہ کہ کوئی بھی ذمہ دار ہندوستانی شوہر، شاعر یا غیر شاعر، ایسی چیزیں اپنے گھر میں رکھتا ہی نہیں کیونکہ بیوی کے ہتھے چڑھ جائیں تو وہ سب شاعری دا ئری بھلا کے رکھ دے گی۔ اور دوسری بات یہ ہے کہ غالب کے مرنے کے بعد اُس کے گھر سے صرف اُس کا جنازہ نکلا تھا۔ اور کچھ نہیں۔

دُلہن کی مانگ

عنوان کو پڑھ کر قارئین کے دل میں شاید یہ خیال گذرے کہ یہ میری شادی کا اشتہار ہے اس سے پہلے کہ وہ اپنی دختران نیک اختر کی تفصیلات اوران کی تصاویر بذریعہ ڈاک میرے گھر روانہ کرکے میرے اور میری موجودہ بیوی کے درمیان مہابھارت شروع کروادیں، میں فوراً واضح کردینا چاہتا ہوں کہ یہ ایک خالص ادبی مضمون ہے اور اس کا میری شادی سے کوئی تعلق نہیں ہے۔ "دلہن کی مانگ" سے میرا مطلب یہ نہیں کہ مجھے ایک (اور) دلہن کی خواہش ہے، بلکہ میرا اشارہ اس مانگ کی جانب ہے جو دلہن اپنے بالوں کو سنوارتے وقت اپنے سر پر بنالیتی ہے۔

بالوں کو دو حصوں میں تقسیم کرنے کے لئے سر پر ایک لکیر کھینچنے کا رواج تو چھوٹی چھوٹی بچیوں اور عمر رسیدہ بوڑھیوں میں بھی ہے اور سبھی اس لکیر کو مانگ کہتی ہیں لیکن ادب میں جن "مانگوں" نے رواج پایا وہ صرف دو ہیں۔ دلہن کی مانگ اور بیوہ کی مانگ کسی کنواری لڑکی کو دلہن کا روپ دینا ہو تو اس کی شکل وصورت میں تھوڑی بہت تبدیلی لازمی ہو جاتی ہے، تاکہ لوگ آگاہ ہو جائیں کہ اس مال کا سودا ہو چکا ہے شادی جیسے خوبصورت بندھن کو سودا کہتے ہوئے مجھے خود شرم محسوس ہو رہی ہے۔

۸۳

لیکن حالاتِ حاضرہ میں یہی لفظ ہے جو اس رشتے کی صحیح ترجمانی کرتا ہے۔ کچھ دن پہلے میں ایک ایسی جگہ موجود تھا، جہاں یہ مقدس رشتہ طے ہو رہا تھا۔ لڑکی پر ایک اچٹتی سی نظر ڈالنے کے بعد دولہا کے باپ نے جہیز کی بات چھیڑی تو میں نے دیکھا کہ ہونے والے دولہا میاں کی نگاہیں لڑکی کے چہرے سے ہٹ کر خلا میں اس طرح پیوست ہو گئیں، جیسے من ہی من میں وہ نوٹ گن رہا ہو۔ بات پچاس ہزار سے شروع ہوئی اور جب ایک لاکھ تک پہنچی تو لڑکی کے باپ نے بولی بڑھانے سے انکار کر دیا۔ لڑکے کے باپ نے ایک اچھے نیلام کرنے والے کی طرح اُسے اُکسانے کی بہتیرے کوشش کی کہ وہ ایک لاکھ کی حد کو پار کر کے آگے بڑھے لیکن وہ ٹس سے مس نہ ہوا۔ مجھے احساس ہوا کہ بولی ایک ایسی منزل پر پہنچ گئی ہے، جہاں اُسے ختم ہو جانا چاہئے۔ چنانچہ میں نے باآوازِ بلند کہا:

"ایک لاکھ ایک، ایک لاکھ دو۔ ایک لاکھ تین۔"

میرا نعرہ سُن کر اس کمرے سے مجھے دھکے مار کر باہر نکال دیا گیا۔ جہاں یہ میٹنگ ہو رہی تھی۔ دھکے تو خیر مجھے کھانے ہی تھے کہ میں نے کام ہی ایسا کیا تھا۔ لیکن مجھے حیرانی اس بات سے ہوئی کہ دھکے دینے والوں میں لڑکی کے والد کے دونوں ہاتھ بھی شامل تھے۔ حالانکہ میں نے بزعمِ خود سودے میں اس کی مدد کی تھی۔

ہاں تو جب سودا پکا ہو جاتا ہے تو لڑکی کو دلہن کا روپ دینے کے لئے اس کی مانگ میں سیندور ڈال دیا جاتا ہے۔ شادی کے پہلے دن تو شاید یہ سیندور پتی خود ڈال دیتا ہے، لیکن بعد میں خود دلہن ڈالنے لگتی ہے۔ گویا ایک طرح کا اعلان ہو گیا کہ مجھ پر ڈورے ڈالنے والے حضرات اپنا قیمتی وقت ضائع نہ کریں۔ یہ الگ بات ہے کہ ڈورے ڈالنے والے حضرات اس اعلان کو سدِ راہ نہیں سمجھتے۔

اگر آپ اس قسم کی چیزوں پر غور کرنے کے عادی ہیں تو آپ نے دیکھا ہوگا کہ

۸۴

دلہن کی مانگ میں سیندور کی مقدار بڑھتی گھٹتی رہتی ہے۔ کبھی تو مانگ میں سیندور اتنا زیادہ کہ مانگ ایک ایسی سڑک کی طرح لگے جس پر کسی وی آئی پی کا استقبال کرنے کے لیے سُرخ رنگ کی بجری بچھا دی گئی ہو اور کبھی اتنا کم جیسے کسی سرکاری دستاویز پر کسی جھوٹے آدمی کا انگوٹھا۔ اس سے یہ مطلب نہ لیجیے کہ مانگ کے سیندور سے آپ دلہن کی ازدواجی زندگی میں گذارے ہوئے سالوں کا اندازہ لگا سکتے ہیں۔ یعنی اگر پوری مانگ میں سیندور ہی سیندور رہے تو مطلب یہ ہے کہ دلہن اپنی شادی کی سلور جوبلی منا چکی ہے۔ اور اگر بس ایک نشان سا ہے تو اس کا مطلب یہ ہے کہ شادی کو ابھی جمعہ جمعہ آٹھ دن ہی ہوئے ہیں۔ ہم نے باقاعدہ ایک سروے کیا تو معلوم ہوا کہ سیندور کی مقدار کا تعلق دلہن کی ازدواجی زندگی کے سالوں سے نہیں بلکہ خاوند کی محبّت کی مقدار سے ہے۔ یعنی مانگ میں سیندور بس ایک نقطہ کی شکل میں ہے تو مطلب یہ ہے کہ میاں رات کو گھر دیر سے لوٹے تھے اور وہ بھی کچھ اس طرح کہ ایک پاؤں کہیں پڑ رہا ہے اور دوسرا کہیں۔ بیوی بے حد ناراض ہے لیکن اتنی بھی نہیں کہ اپنے حقوق سے مکمل دستبردار ہونے کو تیار ہو اور میکے کی راہ لے۔ اور اگر مانگ سیندور سے اَٹی پڑی ہو تو مطلب یہ ہے کہ بقول کسی شاعر:

مصرعہ یار کو ہم نے ، ہمیں یار نے سونے نہ دیا

یہ وضاحت جو ابھی ہم نے پیش کی ہے، ہمارے سروے کا نتیجہ تھی، لیکن ہم نے یہ بھی سنا ہے کہ بیویاں سیندور کو ازدواجی زندگی کے نشان کے بجائے آج کل ذاتی آرائش کا حصہ سمجھنے لگی ہیں۔ اگر سیندور ڈالنے سے ان کا حُسن نکھرے تو ڈال لیا ورنہ کوئی ضرورت نہیں۔ میرا ذاتی خیال ہے کہ جو عورتیں سیندور کو سنگھار کے سامان کے طور پر استعمال نہیں کرتیں، انھیں کفایت شعار بھی کہا جا سکتا ہے کیونکہ وہ جانتی ہیں کہ سیندور کو سر سے نکالنے میں جو شیمپو استعمال کیا جاتا ہے وہ خاصا مہنگا ہو چکا ہے۔ ایک چٹکی سیندور نکالنے کے لیے دو روپے کا شیمپو استعمال ہو تو پھر انہیں سمجھدار کون کہے گا۔

۸۵

رہی یہ بات کہ سیندور کے نہ ہونے سے اُسے کوئی کنواری سمجھ بیٹھے گا تو اس میں کوئی قباحت نہیں، کیونکہ جب دوسرے لوگ کسی ایسی عورت کو حسرت بھری نگاہ سے دیکھیں گے تو اس کے خاوند کے دل میں اپنی بیوی کے لئے محبت کا جذبہ اور بڑھ جائے گا، کیونکہ جب کوئی اُچکا آپ کے بٹوے کو للچائی ہوئی نظر سے دیکھتا ہے تو بٹوہ خالی ہی کیوں نہ ہو آپ کی گرفت اُس پر مضبوط ہو جاتی ہے۔

سیندور کا رواج کم ہو جانے کی ایک وجہ یہ بھی ہے کہ مانگ کا رواج کم ہوتا جارہا ہے بال آجکل کچھ اس طرح سے سنوارے جا رہے ہیں کہ مانگ یا تو بالکل صفحۂ ہستی سے مٹ گئی ہے یا پھر روز اپنی جگہ تبدیل کرتی رہتی ہے۔ مانگ کبھی ناک کی سیدھ میں ہوتی تھی۔ آجکل کبھی بائیں آنکھ کے اوپر تو کبھی دائیں آنکھ کے اوپر۔ آج دائیں کان کے پڑوس میں ہے تو کل بائیں کان کے پڑوس میں۔ اس طرح سے بال سنوارنے والی عورتوں کے سروں پر مانگ تلاش کرتے وقت بار بار زبان سے یہ مصرعہ نکلتا ہے۔

؎ کہاں ہے، کس طرف کو ہے، کدھر ہے

عورتیں مانگ کی پوزیشن تبدیل کرتی جا رہی ہیں۔ سیندور کا رواج ختم ہوتا جا رہا ہے۔ لیکن اُردو کے ادیب ہیں کہ وہ "دو" مانگوں" کو مضبوطی سے تھامے ہوئے ہیں ــــ ایک دلہن کی مانگ اور دوسری بیوہ کی مانگ۔ ان دونوں مانگوں کو انہوں نے ادب کا حصہ بنا کر عجیب وغریب باتیں کہی ہیں۔ مثلاً دلہن کی مانگ میں تو وہ سیندور کی بجائے چاند ستارے بھرنے پر آمادہ ہیں۔ نوبہاریں لانے کو تیار ہیں۔ لالہ زار کھلانے کے ارادے باندھے ہوئے ہیں۔ ایک شاعر نے کہا ہے کہ ؎

تیرا ملنا محال ہے ورنہ
چاند تاروں سے تیری مانگ بھروں

خدا کا شکر ہے کہ محبوب نے اپنا ملنا محال کر رکھا ہے ورنہ شاعر تو اُس کے سر پر

پوری کہکشاں لادنے کا ارادہ رکھتا ہے۔

بیوہ کی مانگ کو عام طور پر ایک ایسی سڑک سے تشبیہ دی جاتی ہے جو بالکل سیدھی ہو اور ویران ہو۔ یہ تشبیہ اب اس لئے عجیب سی لگتی ہے کہ مانگ تو شاید اب بھی کہیں کہیں سیدھی نظر آجاتی ہے۔ سڑک ہمارے ملک میں کبھی سیدھی نظر نہیں آتی۔ اور سیدھی ہو بھی تو ویران کبھی نہیں ہوتی۔ ساری ساری رات اس پر ٹریفک کی بھرمار رہتی ہے۔ ویسے بھی جب سے عورتیں برسرِ روزگار ہوگئی ہیں، بیوہ کی مانگ کی ویرانی ایسی نہیں رہی کہ کوئی کہہ اٹھے۔

؎ کوئی ویرانی سی ویرانی ہے

اور پھر آج کل ایسی ویران مانگ میں رنگ بھرنے والے بکثرت مل جاتے ہیں جس کی مالکن کی آمدنی معقول ہو۔ میری ایک کولیگ ہے۔ دفتر میں جس کی زندگی میں بیوگی تو خیر سے ابھی تک نہیں آئی ہے، لیکن شادی چار بار ٹوٹی ہے۔ لیکن اس نیک بخت نے اپنی مانگ میں ویرانی نہیں آنے دی یکے بعد دیگرے چار شخص اس ویرانی کو دور کرتے رہے ہیں۔ ہر نئی شادی کے موقع پر اس کی مانگ کے سیندور میں بلکہ اس کے بینک بیلنس میں بھی اضافہ ہوا ہے۔ چوتھی شادی کرتے وقت اس نے آسمان کی طرف دیکھ کر کہا تھا کہ اے دو جہاں کے مالک تیری نیکیاں یاد رہ جائیں گی لیکن اس امید پر نہ رہنا کہ میری مانگ سونی رہے گی۔

ایمان کی یہ ہے

مرزا وحیدالدین صاحب سے میری ملاقات ادیبوں کے ایک جلسے میں ہوئی مجھے بتایا گیا کہ وہ بڑے مقبول ادیب ہیں۔ میں نے پوچھا کہ ادب کی کس صنف سے اُن کا تعلق ہے تو کہنے لگے "میں قصیدہ گو ہوں"۔ یہ سنتے ہی میری ہنسی چھوٹ گئی۔ میں نے کہا حضور میرا خیال تھا کہ قصیدہ گوئی کے دن لد گئے ہیں۔ وہ زمانے گئے جب ایک نواب تخت پر بیٹھ کر اپنے درباری شاعر کو اپنی تعریف کے پُل باندھتے ہوئے دیکھتا تھا اور شرمندہ ہونے کی بجائے اُسے خلعت اور جاگیر انعام میں دیتا تھا۔ شاعر جتنا بڑا جھوٹ بولتا اتنا ہی بڑا انعام پاتا تھا۔ ایسا نواب جس کی پوری ریاست کا رقبہ چار ایکڑ سے زیادہ نہ تھا' اپنے قصیدہ گو سے یہ سن کر وہ والیِ دو جہاں ہے یہ سمجھتا تھا کہ شاعر سچ بول رہا ہے۔ اب جب بادشاہت ہی نہ رہی تو کیسی قصیدہ گوئی اور کس کی قصیدہ گوئی۔

مرزا ہنسے اور کہنے لگے کہ آپ مغالطے میں ہیں۔ بادشاہت کے زمانے میں لے دے کے کُل دو ایک شخص ہوتے تھے۔ جن کی شان میں قصیدے کہے جا سکتے تھے — ایک بادشاہ سلامت خود اور دوسرے ان کے ولی عہد۔ ملکۂ معظمہ کا قصیدہ بھی نہیں کہا جا سکتا تھا کیونکہ اُن کا صرف حُسن ہی تعریف کے لائق ہوتا تھا۔ اور بادشاہ سمجھتا تھا کہ اس حُسن کا قصیدہ کہنے کا حق صرف اُسی کو تھا۔ لیکن آج کل ایسے لوگوں کی بھرمار ہے۔ جو اپنا قصیدہ سننے کے خواہش مند ہیں۔ میں نے پوچھا

۸۸

" مثلاً " ! کہنے لگے " مثلاً وہ جن کے ہاتھوں میں انعامات تقسیم کرنے کی قوت ہے۔ وہ جو آپ کو مشاعروں میں بُلا سکتے ہیں۔ وہ جو آپ کی کتابیں چھپوانے کا بندوبست کر سکتے ہیں۔ وہ جو آپ کی کتابیں خریدنے کا حکم صادر کر سکتے ہیں۔ وہ جو آپ کو ایک ایسے ملک میں اپنا کلام سنانے کو بھیج سکتے ہیں، جہاں کوئی آپ کا شعر تو کُجا آپ کی زبان بھی نہیں سمجھتا۔ وہ جب آپ کے لئے اتنے اہم کام کر سکتے ہیں تو آپ کیا اتنا بھی نہیں کر سکتے کہ ان کی شان میں ایک عدد قصیدہ ہی لکھ دیں۔

مجھے یکایک احساس ہوا کہ مرزا کی بات میں وزن ہے۔ تھوڑا سا افسوس بھی ہوا کہ میرا دھیان ادب کی اس فائدہ مند صنف کی طرف کیوں نہیں گیا۔ لیکن پھر مجھے خیال آیا کہ ایسے لوگوں کی شخصیت میں کہاں ایسی صفات ہوتی ہیں جن پر قصیدے لکھے جا سکیں۔

بادشاہت کے دنوں میں قصیدہ گو شاعر کبھی بادشاہ کو لنگڑاتے ہوئے دیکھ کر یہ کہہ سکتا تھا کہ آپ کی رگوں میں یقیناً تیمور لنگ کا خون ہے۔ یا جب شاعر نے دیکھا کہ بادشاہ سلامت کی ایک آنکھ کسی حادثے کا شکار ہو گئی ہے تو قصیدہ گو کہہ دیتا تھا کہ تیری ایک آنکھ میں ہی جلال اس قدر ہے کہ کوئی تیری نگاہ کی تاب نہیں لاسکتا۔ اگر دوسری رہتی تو خدا جانے رعایا پر کیا گذرتی یا جب شاعر کو پتہ چلتا کہ بادشاہ سلامت اپنے سگے بھائی کا محل ہڑپ کرنا چاہتے ہیں تو وہ کہہ اٹھتا تھا کہ آپ کا فتوحات کا جذبہ سکندرِ اعظم کا سا ہے۔ کسی نواب نے اپنی بیوی اور اس کی ایک باندی کے معمولی سے جھگڑے میں فیصلہ باندی کے حق میں دے دیا تو قصیدہ گو کہہ اُٹھا کہ آپ کا انصاف عدلِ جہانگیری کی یاد دلاتا ہے۔ لیکن ایک سادھارن آدمی کی تعریف میں کوئی کیا کہہ سکتا ہے۔ ایسے آدمی کی قصیدہ گوئی کوئی کیا کرے جسے دیکھ کر خدائے برتر سے شکوہ کرنے کو جی چاہے کہ کچھ لوگوں کی تشکیل میں اس نے غیر ضروری عجلت سے

کام لیا ہے۔

میں نے پوچھا "مرزا، کیا ہمارے زمانے میں ایسے ممدوحوں کا ملنا ممکن ہے جن پر قصیدہ لکھنے کو جی چاہے۔" کہنے لگے "نہیں ہے"۔ میں نے پوچھا تو پھر آپ اپنے قصیدوں میں کہتے کیا ہیں"۔ کہنے لگے "تو گویا آپ میری قصیدہ گوئی کا راز جاننا چاہتے ہیں"۔ میں نے کہا "اگر آپ اس راز کو اپنے ساتھ قبر میں لے کر جانا چاہتے ہوں تو بے شک نہ بتایئے"۔ مرزا نے قہقہہ لگایا اور کہا "چلئے صاحب بتائے دیتے ہیں، آپ بھی کیا یاد کریں گے"۔

مرزا نے بتایا "یہ صحیح ہے کہ آج کل کے ممدوح میں اوّل تو سرے سے کوئی قابلِ ذکر خوبی ہوتی ہی نہیں اور اگر کوئی ایک آدھ ہے بھی تو مرزا کو فرصت نہیں کہ وہ ممدوح کے اندر جھانک کر اُسے تلاش کرتے پھریں۔ ان کا طریقۂ کار یہ ہے کہ وہ کوئی بھی من گھڑت خوبی اپنے ممدوح کے ساتھ چسپاں کر دیتے ہیں۔ لیکن کچھ اس استادی کے ساتھ کہ ممدوح سمجھنے لگتا ہے کہ یہ خوبی اُس میں ہے۔ ممدوح کی خوبی اس قدر اہمیت نہیں رکھتی جتنا اُسے چسپاں کرنے کا طریقہ۔ ممدوح پھر زندگی بھر اس خوبی کو اپنے ساتھ چسپاں کئے رکھتا ہے۔

ایک ممدوح کے بارے میں انھوں نے لکھ دیا تھا کہ وہ بڑا مہمان نواز ہے۔ جب تک اس کے دسترخوان پر کوئی مہمان نہ ہو وہ کھانا نہیں کھاتا۔ اب کیا تھا ممدوح بے چارہ صبح سویرے گھر سے نکل کر مہمان کی تلاش میں سڑک کے کنارے جا کھڑا ہوتا۔ مہمان ملے تو وہ کھانا کھائے نا۔ دوپہر تک بڑی مشکل سے کوئی مہمان ملتا تھا جسے بہلا پھسلا کر وہ گھر لے آتا تھا۔ ویسے تو بڑی شفقت سے اُسے کھانا کھلاتا تھا، لیکن کھانا اُس کا اِس طرح کا ہوتا تھا جس طرح کا عام طور پر بیماروں کو کھلایا جاتا ہے۔ مہمان بھلا ایسا کھانا کیوں کھائے گا۔ اگر دال روٹی ہی کھانی ہے تو پھر اپنے گھر میں کیا برائی ہے، چنانچہ ممدوح کو دیکھتے ہی لوگ کھسکنا شروع ہو جاتے تھے۔ مہمانوں کی جب قلت

ہونے لگی تو ممدوح قصیدے کی عزت بنائے رکھنے کے لئے خود فاقے کرنے لگا۔ کہا جاتا ہے کہ مرزا کا قصیدہ ہی اس کی موت کا سبب بنا۔ باوجود انتہائی کوشش کے ہفتہ بھر اسے مہمان نصیب نہ ہوا اور مجبوراً اسے فاقہ کرنا پڑا۔ اور اس طرح جنت کے دروازے اس پر وا ہو گئے۔

مرزا نے کسی ممدوح کے بارے میں لکھ دیا کہ حالانکہ وہ اسّی برس کے ہو گئے ہیں لیکن آج بھی وہ چلتی ریل گاڑی پر اس طرح پھدک کر سوار ہوتے ہیں کہ انھیں دیکھ کر نوجوان شرما جاتے ہیں۔ حقیقت یہ ہے کہ ممدوح نے کبھی ریل گاڑی پر سفر کیا ہی نہیں تھا۔ اِس قصیدے کو سُننے کے بعد نہ صرف اُس نے ریل گاڑی پر بغیر مطلب کے سفر کرنا شروع کر دیا بلکہ وطیرہ بنا لیا کہ کھڑی ریل گاڑی پر سوار نہیں ہوں گے پلیٹ فارم پر جا کر گاڑی کے چلنے کا انتظار کرتا اور جب چل پڑتی تو پھدک کر اس پر سوار ہو جاتا۔ میں نے اس واقعے کی تصدیق کرنا چاہی لیکن اس میں کامیابی حاصل نہ ہوئی۔ مجھے پتہ چلا کہ ممدوح چلتی گاڑی پر سوار ہونے کے سلسلے میں ایک ایسے سفر پر نکل گیا جہاں سے کوئی واپس نہیں لوٹتا۔

مرزا نے ایک ممدوح کے بارے میں لکھ دیا کہ اس کے خاندان کا سلسلہ حاتم طائی سے ملتا ہے۔ اس تحریر کو پڑھنے کے بعد ممدوح صبح سویرے گھر سے مُٹھی بھر آٹا رومال میں باندھ کر چیونٹیوں کے بِل تلاش کرنے کے لئے نکل جاتا ہے۔ جہاں کہیں چیونٹیاں نظر آئیں وہ ان کے لئے روزی کا ڈھیر لگا دیتا ہے۔ کہنے والے کہتے ہیں کہ شہر میں چیونٹیوں کی تعداد میں جو قابل قدر اضافہ ہوا ہے اس کا سہرا مرزا کے ممدوح کے سر ہے۔ ممدوح کی اس عادت کا ضمنی نتیجہ یہ نکلا کہ خواتین اسے دیوانہ سمجھنے لگیں اور کوئی اس سے شادی کرنے کو رضامند نہ ہوئی۔ نتیجہ اس کا یہ ہوا کہ اس کے سر پہ کوئی دوسرا سہرا سجایا نہ جا سکا۔

مرزا کی تقریر سننے کے بعد مجھے احساس ہوا کہ وہ ممدوح میں خوبیاں تلاش نہیں کرتے بلکہ خوبیوں سے اُسے مزین کرتے ہیں کچھ اس طرح سے کہ ممدوح حیران ہوکر اپنے اوپر لعنت بھیجنا شروع کر دیتا ہے کہ فلاں فلاں خوبی اُسے قدرت نے عطا کر رکھی تھی لیکن اُسی قدرت کی ستم ظریفی دیکھئے کہ خود ممدوح کو ان خوبیوں کا احساس نہیں ہونے دیا۔

میرے ایک سوال کے جواب میں مرزا نے بتایا کہ وہ اپنے قصیدے زیادہ تر نثر میں لکھتے ہیں۔ کیونکہ آج کل کے ممدوح کی جملہ خوبیوں کو نظم میں سمیٹنا مشکل ہوگیا ہے اور کوزے میں دریا بند کرنا انہیں کبھی نہ آیا۔ اور پھر یہ بھی ہے کہ ممدوح کو نثر آسانی سے سمجھ میں آجاتی ہے۔ اگر قصیدہ ممدوح کی سمجھ میں نہ آئے تو پھر کون سا انعام اور کیسا انعام۔

میں نے کہا "مرزا ایک بات بتایئے۔ آپ کا ضمیر کبھی کبھی اس بات کے خلاف پروٹسٹ نہیں کرتا کہ آپ ایک ایسے آدمی کی تعریفوں کے پُل باندھ رہے ہیں جس میں تعریف کے لائق کچھ ہے ہی نہیں۔" کہنے لگے "صاحب یہ تو ایک طرح کا کاروباری کام ہے۔ جب آپ نے سہرا لکھنے کو اپنا پیشہ بنا لیا تو پھر اس بات سے آپ کا کیا سروکار کہ دولہا کی شکل وصورت کیسی ہے اور عمر کتنی ہے۔ اور دوسری بات یہ ہے کہ ضمیر کو بھی اب نوٹ گننا آگیا ہے۔ اس پر جب چار پانچ ہزار روپلوں کا بوجھ پڑتا ہے تو اس کی آواز اگر مکمل طور پر دب نہیں جاتی تو اتنی مدھم ضرور ہو جاتی ہے کہ میرے کانوں تک پہنچ نہیں پاتی۔"

مرزا میں آپ کا شکر گذار ہوں کہ آپ نے مجھے اس قیمتی راز سے آگاہ کیا۔ لیکن میں اِس سے فائدہ اٹھانے کا اہل نہیں ہوں کیونکہ میرا رشتہ تو قاری سے ہے۔ اگر اُسے میری کتاب پسند آئے گی تو وہ اسے خریدے گا۔ اس کا قصیدہ کہنے سے مجھے کچھ

فائدہ ہونا ممکن نہیں ۔ مرزا کہنے لگے میں نے آپ کو نسخہ بتا دیا ہے ۔اس کو کس طرح استعمال میں لانا ہے یہ تو آپ پر منحصر ہے ۔

مرزا نسخہ بتا کر چلے گئے ۔ میں اپنی جگہ تہیہ کئے بیٹھا ہوں کہ ان کے نقشِ قدم پر نہیں چلوں گا ۔لیکن پتہ نہیں کیوں آج کل ہر اہلِ ثروت اور اہلِ اقتدار شخص کے چہرے کے اِرد گرِد مجھے ایک ہالا سا نظر آنے لگا ہے ۔اور میرا قلم خود بخود لکھنے لگا ہے

تجھے دیکھا جو خادم نے کہا ایمان کی یہ ہے ۔ ۔ ۔ ع

پاتا ہوں داد...

کچھ سال پہلے کی بات ہے، میں اُردو کے ایک مشاعرے میں اپنے ساتھ ایک مدراسی دوست کو لے گیا۔ جب ہم وہاں پہنچے تو مشاعرہ اپنے عروج پر تھا۔ پنڈال سامعین سے کھچا کھچ بھرا ہوا تھا۔ سامعین داد کے بارود کو ہونٹوں پر اس طرح سجائے ہوئے تھے کہ جونہی شاعر کے منہ سے شعر نکلتا تھا وہ داد کی گولیاں داغ دیتے تھے بالکل اُسی طرح جیسے سپاہیوں کی رجمنٹ اپنے کمانڈر کا حکم سُنتے ہی فائرنگ شروع کر دیتی ہے۔ ہمارے پہنچنے پر شاعر نے جو شعر پڑھا وہ مجھے اس وقت تو یاد نہیں ہے لیکن اس کا مضمون یاد ہے۔ شاعر نے اپنے محبوب کی زُلفوں کو ساون کی گھٹائیں کہا تھا۔ شعر ابھی پوری طرح سامعین کے گوش گزار بھی نہیں ہوا تھا کہ ہر طرف "واہ واہ" کے نعرے گونجنے لگے۔ "مرحبا" کی آوازیں آنے لگیں۔ "مکرر مکرر" کا شور بلند ہوا۔ میرا مدراسی دوست چونکہ مشاعرے کی روایات سے واقف نہیں تھا، اس لیے کچھ گھبرا سا گیا کہ یہ اچانک کیا ہو گیا۔ سرگوشی میں مجھ سے پوچھنے لگا کہ شاعر کے منہ سے ایسا کیا نکل گیا ہے جس پر اس قدر ہنگامہ کھڑا ہو گیا ہے۔ میں نے جب شعر کا انگریزی ترجمہ اسے سنایا تو وہ حیران ہو کر پوچھنے لگا کہ شاعر نے کسی کو بُرا بھلا تو کہا نہیں اور نہ کوئی ایسی بات کہی ہے جو پہلے دوسرے لوگوں نے نہ کہی ہو۔ پھر سامعین نے اس قدر ہنگامہ کیوں برپا کیا۔

باوجود کوشش کے میں اپنے دوست کو سمجھا نہ سکا کہ سامعین نے ہنگامہ نہیں کیا تھا، شاعر کو داد دی تھی۔ اور شاعر کو اگر داد نہ ملے تو پھر وہ مشاعروں میں

جائے گا کس لئے ؟

کوئی محقق ابھی تک یہ ثابت نہیں کر سکا کہ شاعر کو شاعری سے کوئی مادّی فائدہ بھی ہوتا ہے۔ وہ بیچارہ تو مشاعروں میں داد کی جھولیاں بھرنے جاتا ہے اور اگر اس کی جھولی بھر جائے تو وہ سمجھتا ہے کہ اس نے مشاعرہ لوٹ لیا۔ ویسے یہ لُوٹ مار کچھ اس طرح کی ہوتی ہے کہ متعدد ڈاکے ڈالنے کے بعد بھی شاعر کو پیٹ بھرنے کے لئے محنت مزدوری کرنا پڑتی ہے۔ اُردو کا شاعر انسانی تاریخ میں ایک ایسا لٹیرا ہے جو لوٹ مار کرنے کے بعد اکثر بھوکا سو جاتا ہے۔

مشاعروں کے منتظمین بھی اس امر سے واقف ہیں کہ داد سے کسی کا پیٹ نہیں بھرتا۔ اس لئے عام طور پر مشاعرہ شروع کرنے سے پہلے شاعروں کو پیٹ بھر کر کھلایا پلایا جاتا ہے۔ پیٹ بھرا ہونے کی وجہ سے شاعر داد وصول کرتے ہوئے سلام کرتا ہے یہ نہیں کہتا کہ اگر شعر اتنا ہی پسند آیا ہے تو پھر خالی خولی داد کیوں دیتے ہو، دس کا نوٹ کیوں نہیں دیتے۔ کھانا کھاؤں گا اور آپ کو دعائیں دوں گا۔

اردو شاعر نے ہمیشہ داد وصول کرنے کے لئے اپنا کلام سُنایا ہے۔ ہاں زمانے کی گردش کے ساتھ ساتھ داد کے طور طریقے بدلتے رہتے ہیں۔ کوئی زمانہ تھا جب شاعر کا کلام پسند آ جاتا تو لوگ اس سے بار بار پڑھواتے تھے ــــ "پھر ارشاد ہو"، "مکرر ارشاد ہو" کے نعروں سے مشاعرے کا پنڈال گونج اٹھتا تھا۔ شاعر جب مشاعرے سے لوٹتا تھا تو گہری نیند میں سوئی ہوئی اپنی بیوی کو جگا جگا کر بتایا کرتا تھا کہ آج میری غزل کا تیسرا شعر پندرہ بار پڑھوایا گیا اور پانچواں شعر دس بار۔ اس کا کون سا شعر کتنی بار سُنا گیا، یہ بات شاعر کو زندگی بھر یاد رہتی تھی۔ بلکہ یہ بھی یاد رہتا تھا کہ اس کے مدِمقابل شاعر کا بہترین شعر اس کے ادنیٰ ترین شعر سے کتنی بار کم سنا گیا تھا۔

داد کے اس طریقے پر آج کل ہم لوگ غور کرتے ہیں تو کچھ عجیب سا لگتا ہے شاعر نے

تو چلو پندرہ بار سنا دیا لیکن سننے والے نے اس شعر کو کیوں پندرہ بار برداشت کیا یہ میری سمجھ میں نہیں آیا۔ مجھے یاد ہے کچھ سال پہلے فلم "چودھویں کا چاند" کا ایک گیت "چودھویں کا چاند ہو یا آفتاب ہو" بہت مشہور ہوا تھا۔ انہی دنوں ہمارے شہر میں ایک ہوٹل میں جیوک باکس لگایا گیا تھا۔ اس باکس میں اگر چونی کا سکہ ڈال کر ایک بٹن دباؤ تو وہی گانا بجتا تھا جس کا آپ نے بٹن دبایا ہے۔ میں نے "چودھویں کا چاند" کے اس گیت پر داد دینے کی غرض سے دس روپے کی چونیاں ڈال کر چالیس بار اُسی گیت کا بٹن دبا دیا۔ میں تو بٹن دبا کر ہوٹل سے باہر نکل گیا۔ بعد میں مجھے معلوم ہوا کہ جن حضرات کو وہ گیت چالیس بار سننا پڑا تھا وہ مہینوں اپنے دماغ کا علاج کراتے رہے۔

زمانے کے ساتھ ساتھ داد کے طور طریقے بھی بدل گئے ہیں۔ نہ وہ شاعر رہے نہ وہ سامعین۔ غالب کے زمانے میں شعر سن کر اگر کوئی تالی بجا کر اپنی پسندیدگی کا اظہار کرتا تو شاید غالب مشاعرہ چھوڑ کر بھاگ کھڑا ہوتا۔ لیکن آج کل مشاعروں میں تالیوں کی گونج اکثر سنائی دیتی ہے۔ گویا مشاعرہ نہ ہوا کوئی سیاسی جلسہ ہو گیا۔ کہ جب لیڈر نے کہا کہ "ہم اپنے دیش کے دشمنوں کی اینٹ سے اینٹ بجا دیں گے" تو سامعین نے تالیاں بجا کر اس جملے پر داد دی۔ یہاں تو تالیاں مناسب معلوم ہوتی ہیں۔ لیکن جب شاعر نے کہا کہ "میں اپنے محبوب کے ہجر میں رات رات بھر تارے گنتا ہوں" تو اس پر تالیوں کے کیا معنی؟ کیا سامعین یہ کہنا چاہتے ہیں کہ "برخوردار جو کچھ کر رہے ہو بالکل ٹھیک کر رہے ہو۔ زندگی بھر یوں ہی کرتے رہو۔"

ہمارے شاعروں کا بھی داد وصول کرنے کا طریقہ اب وہ نہیں جو کبھی ہوا کرتا تھا۔ پرانے زمانے میں جب شاعر کو داد دی جاتی تھی تو وہ داد دینے والے کو باقاعدہ جُھک کر سلام کرتا تھا۔ لیکن اب ہم دیکھتے ہیں کہ شاعر شعر پڑھنے کے بعد پنڈال کے چاروں طرف نظر دوڑاتا ہوا "آداب عرض" "آداب عرض" کے نعرے

لگانا شروع کر دیتا ہے۔ اُسے اِس بات کی مطلق پرواہ نہیں ہوتی کہ کسی نے داد دی بھی کہ نہیں۔

یہ نظارہ دیکھ کر مجھے اپنے گاؤں کے میراثی کا ایک قصہ یاد آجاتا ہے۔ ہمارے گاؤں میں جب کوئی اپنے بیٹے کا بیاہ دھوم دھام سے کرتا تھا تو مہینوں گاؤں کی گلیوں میں اس کا چرچا ہوتا تھا۔ میراثی چونکہ غریب آدمی تھا، اس لئے اس نے اپنے بیٹے کی شادی پر نہ تو کسی کی دعوت کی اور نہ مٹھائی تقسیم کی۔ ظاہر ہے اس شادی کا چرچا گانو کی گلیوں میں نہ ہوا لیکن ایک رات سارے گانو والوں نے سنا کہ کوئی آدمی رات کے اندھیرے میں بآواز بلند کہہ رہا تھا کہ واہ میاں خیرالدین، کوئی بیٹا بیاہ ہے تو ایسے جیسے تم نے بیاہا۔ وہ عالی شان دعوت کی تو نے گانو والوں کی کہ سالوں سال یاد رہے گی۔ گانو والوں نے سنا تو حیران رہ گئے کہ یہ شخص کس دعوت کا ذکر کر رہا ہے! پھر کسی منچلے نے اندھیری گلیوں میں اُس شخص کو جا پکڑا۔ جب اُس کے چہرے سے کپڑا ہٹایا گیا تو دیکھا کہ وہ تو خود میراثی خیرالدین تھا۔ گویا خیرالدین ہمارے آج کے شاعروں کی طرح اپنے پھسپھسے شعر پہ نہ ملی ہوئی داد کے جواب میں "آداب عرض" کہہ رہا تھا۔

یوں تو داد دینے کے اُصول پورے ملک میں تبدیل ہوئے ہیں لیکن پنجاب میں صورتِ حال باقی صوبوں سے اور بھی مختلف ہے۔ مجھے یاد ہے جب میں نے شاعری شروع کی تھی تو میں اپنی غزل چودھری دلاور سنگھ کو سنانے جایا کرتا تھا۔ چودھری صاحب کے داد دینے کا طریقہ کچھ اس طرح تھا کہ ہر شعر پر میری پیٹھ پر ایک دوہتڑ جما کر کہتے تھے کہ بھئی، واہ! دس بارہ غزلیں چودھری صاحب کو سنانے کے بعد میں شعر لکھنا تو کجا اس قابل بھی نہ رہا کہ کوئی اور کام کر سکوں۔ چودھری صاحب کی دی ہوئی داد ہی کا نتیجہ ہے کہ میں کبھی مردوں کی طرح چھاتی پھلا کر نہ چل سکا۔

پنجاب کے ایک اور بزرگ کے بارے میں میں نے سنا ہے کہ وہ شعر سننے کے بعد

شاعر کی آنکھوں میں آنکھیں ڈال کر کہتے تھے کہ ' سالے حرام زادے کُتے کیا شعر کہہ گیا ہے' شاعر سمجھتا تھا کہ وہ داد دے رہے ہیں۔ مجھے بتایا گیا کہ شاعر فخر سے سینہ تان کر لوگوں کو بتایا کرتے تھے کہ جب میں نے بابے ہرنامے کو شعر سنایا تو انھوں نے مجھے پندرہ بار ماں کی گالی دی۔ کبھی کبھی مجھے لگتا تھا جیسے بابے ہرنامے نے داد کے پردے میں گالی دینے کا آسان طریقہ ڈھونڈ لیا تھا۔

داد کی بات کر رہا ہوں تو تشنگی رہے گی اگر ہوٹنگ کی بات نہ کروں۔ پرانے زمانے میں سامعین جب شعر پر ناپسندیدگی کا اظہار کرنا چاہتے تھے تو خاموشی اختیار کر لیتے تھے۔ ایسی خاموشی جو پکار پکار کر کہتی تھی کہ یہ کیا لکھ لائے ہو۔ یہ شاعری نہیں ہے۔ لیکن آج کل باقاعدہ ہوٹنگ کی جاتی ہے۔ شاعر پر ٹماٹر پھینکے جاتے ہیں۔ نعرے لگائے جاتے ہیں کہ اُسے اسٹیج سے ہٹایا جائے۔ ہوٹنگ سے ہمارے سامعین شاعر پر نہیں اپنی شرافت پر کیچڑ اُچھالتے پھرتے ہیں۔ اس لئے مجھے ہوٹنگ کبھی اچھی نہیں لگی' سوائے ایک بار کے۔ ایک بار میں سری نگر کے ایک کالج کے مشاعرے میں مدعو تھا۔ یہ اجتماعی مشاعرہ تھا۔ اُردو اور ہندی شعراء کا۔ کالج کے طلباء نے شاید پہلے سے سمجھوتہ کر لیا تھا کہ جب اردو شعراء پڑھیں گے تو ہندی کے طلباء انہیں ہوٹ کریں گے اور جب ہندی کے کوی پڑھیں گے تو یہ نیک کام اُردو کے طالبعلم انجام دیں گے۔ ظاہر ہے اس مشاعرے میں میں ہوٹ ہوا۔ کیونکہ ہوٹ تو بہر حال ہونا تھا۔ جب منتظمین نے مجھے معاوضہ کا لفافہ دیا تو میں نے دیکھا کہ اس میں طے شدہ رقم سے بیس روپے زیادہ تھے۔ میں نے پوچھا: "یہ کس لئے؟" انہوں نے بہ اندازِ معذرت کہا کہ آپ ہوٹ بھی تو ہوئے تھے۔" مجھے اس دن پہلی بار احساس ہوا کہ ہوٹنگ کے فائدے بھی ہیں۔ ہائے افسوس ہے کہ اس دن کے بعد میں کوشش کے باوجود ہوٹ نہ ہو سکا۔

سہرا پڑھتے ہوئے سنا۔ سامعین لڑکے کے رشتہ دار تھے اور ان کی شکل و صورت سے عیاں تھا کہ انہوں نے زندگی میں سوائے روپیا کمانے کے کوئی اور کام نہیں کیا۔ شاعر نے ابھی ایک مصرعہ بھی نہیں پڑھا تھا کہ انھوں نے اسے سو سو کے نوٹ تھمانے شروع کر دیئے شاعر نے دو تین شعر زبردستی پڑھے اور کوئی چار پانچ ہزار روپے سمیٹنے کے بعد ہاتھ جوڑ کر گزارش کی کہ مجھے اتنے روپے دے رہے ہو میرے شعر بھی تو سنو۔ اس پر کسی نے شاعر کے کان میں کہا کہ یار یہ لوگ تمہیں دل کھول کر روپے دے رہے ہیں اس لئے تمہیں زیب نہیں دیتا کہ تم انہیں شعر بھی سناؤ۔ شاعر سمجھ گیا کہ شعر سنانے سے داد بٹورنا اچھا۔ چنانچہ اُس کے بعد اُس کے منہ سے آواز نہیں نکلی۔ صرف نوٹ پکڑنے کے لئے ہاتھ آگے پیچھے ہوتا رہا۔ یوں لگتا تھا جیسے زبانِ حال سے کہہ رہا ہو :

پاتا ہوں داد خوب میں اپنے کلام کی
گو شاعری ذریعۂ عزت نہیں مجھے

زِندہ بَاد۔مُردہ بَاد

پرانی بات ہے ایک بار ہم اپنے ایک دوست سے ملنے گئے جس کی نئی نئی شادی ہوئی تھی ۔ دروازہ اس کی بیوی نے کھولا اور بتایا کہ خاوند بیمار ہیں ۔ پوچھا "یہ اچانک کیا ہوا" کہنے لگی "کل شاپنگ کے لیے چاندنی چوک گئے تھے ۔ شاید وہاں انہوں نے کوئی گندی چیز کھالی جس سے پیٹ خراب ہو گیا۔" میں نے کہا "غلطی سے اس نے کوئی صاف ستھری چیز کھائی ہوگی جس سے پیٹ خراب ہو گیا ہوگا۔ گندی چیزیں تو وہ بچپن سے کھا رہا ہے۔"

ایسی ہی پریشانی ہم ہندوستانیوں کو ہوتی ہے جب ہم امریکہ یا یورپ جاتے ہیں ۔ وہاں کا ایک دم صاف ستھرا کھانا ہمارے پیٹ کو موافق نہیں آتا ۔ وہاں ہمیں یاد آتی ہیں وطن کی جلیبیاں جن پر سڑک کی گرد کا ورق لگا ہوتا ہے ۔ یاد آتے ہیں وہ سموسے جن کو قریب پل کا دھواں کچھ سلیٹی سا رنگ دے دیتا ہے ۔ اور جب یہ چیزیں ہمیں وہاں میسر نہیں آئیں تو ہم بیمار پڑ جاتے ہیں ۔

میں جب ملازمت کے سلسلہ میں چار سال کے لئے یورپ گیا تو مجھے اِن چیزوں کے علاوہ جس چیز کی وجہ سے وطن کی یاد آتی تھی وہ تھے جلسے جلوس ۔ پورا ایک سال گذر گیا ۔ میں نے وہاں کوئی جلوس نہ دیکھا ۔ میرے کان زندہ باد ، مردہ باد ، ہائے ہائے اور امر رہے کے نعرے سننے کو ترس گئے ۔ کبھی کوئی آواز نہ سنی کہ یہ لے کے رہیں گے ۔ نہ کسی نہ کہا کہ یہ دے کے رہیں گے ۔ میں نے سوچا اگر

یہی حال رہا تو اپنا یہاں گذارا کیسے ہوگا۔

آپ تو جانتے ہیں کہ جلسے، جلوس ہماری زندگی کا ایک ضروری حصّہ ہیں۔ اس سے بے کار لوگوں کو روزگار ملتا ہے۔ نعرہ لگانے کی وجہ سے گلا صاف اور بیماری سے پاک رہتا ہے۔ جلوس میں چلنے کی وجہ سے اہلِ جلوس کی ورزش ہو جاتی ہے اور اس طرح ان کی صحت ٹھیک رہتی ہے۔ غصّے میں آکر جب اہلِ جلوس بسوں کو جلا دیتے ہیں تو سرکار کو نئی بسیں خریدنی پڑتی ہیں۔ اس سے ملک کی اقتصادی ترقی ہوتی ہے۔ کبھی کبھی بظاہر یوں لگتا ہے جیسے جلسے جلوسوں کی وجہ سے کچھ لوگوں کا نقصان ہو رہا ہے۔ لیکن بعد میں پتہ چلتا ہے کہ اس ظاہری نقصان کے پیچھے کتنا بڑا فائدہ چھپا تھا۔ مجھے یاد ہے جب میں یونیورسٹی میں پڑھتا تھا۔ تو میرا ایک ہم جماعت جلوسوں میں اس شدّت سے حصّہ لیتا رہا کہ بے چارہ بی اے میں لگاتار کئی سال فیل ہوتا رہا۔ لیکن سیاست کا گہرا تجربہ ہو جانے کی وجہ سے بعد میں وزارت کے عہدے تک جا پہنچا اور اُسے محکمہ تعلیم کا انچارج بنا دیا گیا۔ آپ ہی بتایئے تعلیم میں سدھار لانے کے لئے اس سے بہتر کون ہو سکتا تھا جس نے ہم سے کئی زیادہ سال یونیورسٹی کے ارد گرد چکر لگاتے گذار دیئے۔

مجھے لگا کہ اگر یورپ میں لوگ جلسے نہیں کرتے یا جلوس نہیں نکالتے تو شاید اس لئے کہ وہ ان کے فوائد سے واقف نہیں ہیں۔ میں نے سوچا ہاتھ پہ ہاتھ رکھ کر بیٹھنے سے کچھ نہیں ہوگا۔ چنانچہ کچھ کر گذرنے کی خواہش میں میں ایک دن گنڑیا کی مخالف پارٹی کے سکریٹری جنرل سے ملنے چلا گیا۔ علیک سلیک کے بعد میں نے اُس سے پوچھا کہ ”آپ کیسے سیاست داں ہیں کہ آپ جلوس ہی نہیں نکالتے۔“ کہنے لگا ”جلوس کس لئے نکالیں؟“ میں نے کہا ”یہ کیا سوال ہوا ــــــ اگر آپ حکومت کو بتانا چاہتے ہیں کہ آپ اُس کی پالیسیوں کے خلاف ہیں۔ یا آپ چاہتے ہیں کہ وہ آپ کے مطالبات پر

غور کریں تو جلوسوں سے بڑھ کر اور کیا طریقہ ہو سکتا ہے۔ اگر آپ جلوس نہیں نکالیں گے تو آپ کی آواز حکومت تک کیسے پہنچے گی۔ جتنا لمبا جلوس ہوگا اور جتنا اونچا نعرہ ہوگا اُتنی جلدی آپ کی شنوائی ہوگی۔ اس نے میری طرف کچھ اس انداز سے دیکھا جیسے اُسے میری دماغی صحت پر کچھ شک ہو اور کہنے لگا کہ حکومت کوئی بہری عورت تو نہیں ہوتی کہ وہ سوائے نعروں کے اور کوئی آواز سن نہیں سکتی۔ ہمارا اپنا اخبار ہے اس میں ہم اپنی پالیسیوں کی چرچا کرتے رہتے ہیں۔ حکومت وہ اخبار پڑھ کر سمجھ جاتی ہے کہ ہمیں کیا چاہیئے۔ میں نے کہا "بھائی جان میں آپ کی خوداعتمادی کی داد دیتا ہوں کہ آپ سمجھتے ہیں کہ حکومت نہ صرف اخبار پڑھتی ہے بلکہ مخالف پارٹی کا اخبار بھی پڑھتی ہے لیکن اگر آپ کی خوداعتمادی کا یہی حال رہا تو آپ کا کام ہو چکا۔" وہ کہنے لگے آپ کی بات اگر درست بھی ہے تو آپ ہی بتایئے جلوس میں شامل ہونے کے لئے آدمی کہاں سے آئیں گے۔ لوگوں کی اکثریت تو حکومت کے ساتھ ہے۔ تبھی تو انہیں ہم سے زیادہ ووٹ ملے۔ میں نے کہا اگر آپ کو جلوس نکالنے کے لئے بھیڑ اکٹھا کرنا بھی نہیں آتا تو پھر آپ سے بات کرنا ہی فضول ہے۔ آپ کبھی ہندوستان آکر دیکھئے، جب جنتا پارٹی جلوس نکالتی ہے تو اس میں صرف جنتا پارٹی کے حمایتی شامل نہیں ہوتے۔ نہ ہی کانگریس کے جلوسوں میں کانگریس کے حمایتی۔ جلوسوں میں تو بس جلوسیے ہی شامل ہوتے ہیں، پوچھنے لگا "جلوسیے کیا ہوتے ہیں" میں نے کہا یہ وہ پیشہ ور لوگ ہیں جو جلوسوں میں حصّہ لینے کے لئے بنائے گئے ہیں۔ انہیں اس بات سے کیا سروکار کہ جلوس کس پارٹی کا ہے۔ نعرہ کیا لگانا ہے۔ انہیں تو اپنی دھاڑی ملنی چاہیئے۔ جو پیسے دے گا اس کے جلوس میں شامل ہو جائیں گے۔ کہنے لگا یہی تو چکر ہے۔ پہلے تو یہاں آدمی ملیں گے نہیں کیونکہ سب اپنے اپنے دھندے میں لگے ہوئے ہیں اور اگر کوئی جلوس میں حصّہ لینے کے لئے رضامند بھی ہو جائے تو کم از کم پچاس روپے

نی گھنٹہ سے کم پیسے نہیں لے گا۔ میں نے کہا اگر آپ کے عوام میں سیاسی شعور ہی نہیں ہے تو میں کیا کر سکتا ہوں۔

یوں تو میں مخالف پارٹی کے سکریٹری جنرل سے کمل طور پر مایوس ہو چکا تھا لیکن پھر ہمت کر کے کہا کہ اگر آپ جلوس نہیں نکال سکتے تو اپنے مطالبات کو منظور کروانے کے لئے کم از کم بھوک ہڑتال کا انتظام تو کر ہی سکتے ہیں۔ اِس سے بھی آپ کے دیش میں کچھ چہل پہل آ سکتی ہے۔ ہم تو سیاسی مقاصد کے لئے بھوک ہڑتال کا استعمال اکثر کرتے ہیں۔ وہ کہنے لگا میں نے تو سنا ہے کہ آپ کے ہاں ویسے ہی ہزاروں لوگوں کو کھانا نصیب نہیں ہوتا۔ میں نے کہا وہ الگ بات ہے لیکن بھوک ہڑتال کو سیاسی ہتھیار کے طور پر وہ لوگ استعمال کرتے ہیں جنہیں اتنا کھانا نصیب ہوتا ہے کہ اُس سے دس آدمیوں کا پیٹ بھر سکتا ہے۔ وہ صرف اپنے مقصد کے حصول کے لئے کھانا کھانے سے انکار کر دیتے ہیں۔ ہمارے ہاں یہ حربہ بڑا کامیاب گنا جاتا ہے۔ سرکار پہلے تو اُن کی منت سماجت کرتی ہے کہ بھائی کھانا کھا لو تو تمہارے مطالبات پر غور کریں گے۔ لیکن اگر وہ پھر بھی انکار کریں تو اُن کے مطالبات کو اکثر مان بھی لیا جاتا ہے۔

وہ کہنے لگا مان لیجیے ایک آدمی بھوک ہڑتال کرتا ہے اور سرکار اس کے مطالبے کو ماننے سے انکار کر دیتی ہے۔ تو وہ آدمی تو مر جائے گا نا۔ اِس طرح ایک قیمتی جان چلی جائے گی۔ میں نے کہا بھوک ہڑتال سے کبھی کوئی نہیں مرتا۔ کہنے لگا۔ یہ کیسے ہو سکتا ہے۔ اگر کوئی آدمی لگاتار کئی دن تک فاقے کرے گا تو یقیناً مرے گا میں نے خود اخباروں میں پڑھا ہے کہ آپ کے ہاں مسلسل فاقوں کی وجہ سے کئی لوگ مر جاتے ہیں۔ میں نے کہا۔ وہ ٹھیک ہے۔ لیکن میں آپ کو کیسے سمجھاؤں کہ بھوک ہڑتال اس طرح بھی کی جا سکتی ہے کہ بھوک ہڑتال بھی چلتی رہے اور موت بھی نہ ہو۔

میں نے جب مخالف پارٹی کے سکریٹری جنرل کی آنکھوں میں آنکھیں ڈال کر

دیکھا تو مجھے محسوس ہوا کہ میری بات اس کے پلّے پڑ نہیں رہی میں نے سوچا اس پر مزید وقت ضائع کرنے کا کوئی فائدہ نہیں۔ ان تلوں میں تیل نہیں ہے اب یہاں سے کھسکنا چاہیئے۔

وہاں سے نکل کر میں سیدھا برسراقتدار پارٹی کے دفتر پہنچا اور اُس کے سکریٹری جنرل سے ملاقات کی۔ حالانکہ میرے سوال وہی تھے جو میں مخالف پارٹی کے سکریٹری جنرل سے پوچھ چکا تھا لیکن میں نے محسوس کیا کہ اسے سمجھانا اتنا مشکل نہیں تھا جتنا اُس کے مخالفین کو۔ اُس نے بھی شروع شروع میں کہا کہ ہم کیوں جلوس نکالیں، لوگ تو ویسے ہی ہمارے ساتھ ہیں۔ میں نے پوچھا آپ کو کیسے پتہ، کہنے لگا انھوں نے ہمیں ووٹ دیئے ہیں تبھی تو ہم حکومت میں آئے ہیں۔ میں نے کہا بھیّا ان کے بھروسے نہ رہنا۔ اُن کا کیا پتہ کب کس بات پر آپ سے روٹھ جائیں اور اگلے الیکشن میں آپ کو ہاتھ ملتا چھوڑ کر ووٹ مخالفوں کو دے دیں۔ اس لئے آپ کا فرض ہے کہ انہیں ہر دم یاد کراتے رہیئے کہ آپ اُن کے لئے کتنے اچھے کام کر رہے ہیں۔ اور پھر لوگ جلوسوں میں شامل ہو کر آپ کے کیئے ہوئے کاموں کی تعریف کریں گے تو باقی جنتا کے ساتھ ساتھ خود آپ کو بھی محسوس ہوگا کہ لوگ واقعی آپ کے ساتھ ہیں۔

برسراقتدار پارٹی کے سکریٹری جنرل نے مجھ سے پوچھا کہ جلوس میں شامل ہونے کے لئے لوگوں کو اُجرت کیسے دیں گے تو میں نے اس کا دھیان سرکاری ملازموں کی طرف دلایا۔ میں نے کہا کہ اِن لوگوں کو جلوس میں شامل کیجئے۔ تنخواہ تو وہ دفتر سے لے ہی رہے ہیں، ایک دن کام نہیں ہوگا تو کیا ہو جائے گا۔ میں نے دیکھا کہ بات اُس کے پلّے پڑ رہی ہے۔ پھر اُس نے پوچھا ان لوگوں کو جلوس میں شامل کرنے کے لئے بسیں اور ٹرک کہاں سے لائیں گے۔ میں نے کہا ٹرکوں اور بسوں کے پرمٹ اپنے ہاتھ میں لیجئے۔ پھر دیکھئے وہ لوگ اپنے ٹرک اور

بسیں آپ کی خدمت میں پیش کرنے میں کتنی خوشی محسوس کرتے ہیں۔

سکریٹری جنرل نے پھر پوچھا کہ اگر ہم جلوس نکالیں تو اس میں مطالبات کیا رکھیں۔ میں نے سوچا اتنا بڑا آدمی اور اتنا سادہ سوال۔ ارے بھائی مطالبات وہ رکھو جو بہر حال آپ نے منظور کرنے ہی تھے۔ پہلے تو کہہ دیجئے کہ مطالبات کو منظور کرنے کا سوال ہی پیدا نہیں ہوتا اس پر اور جلوس نکلیں گے۔ چھ بار اس طرح کرنے کے بعد مطالبات مان لیجئے۔ وہ پوچھنے لگا اس سے فائدہ کیا ہوگا۔ میں نے کہا فائدہ یہ کہ ان جلوسوں کا لیڈر جو آپ ہی کی پارٹی کا ہوگا۔ اگلی بار الیکشن یقیناً جیت جائے گا۔

مجھے گنڑیا سے آئے ہوئے اب تین چار برس ہو چکے ہیں۔ میں نے سنا ہے آج کل وہاں جلسوں جلوسوں کا زور شور ہے جس کی وجہ سے گنڑیا کے شہروں میں اکثر ٹریفک جیم دکھائی دیتی ہے۔ دفتروں میں کوئی کام کرتا نظر نہیں آتا۔ لاؤڈ اسپیکروں کے کرائے بڑھ گئے ہیں۔ مجھے خوشی ہے کہ میرا لگایا ہوا پودا پنپ رہا ہے۔ مجھے یقین ہے کہ میں اگر دوبارہ وہاں جاؤں تو لوگ میرے نام پر بھی زندہ باد کے نعرے لگائیں گے۔

نارمل آدمی

کئی سال پہلے کی بات ہے، دلی میں میرا ایک لکھا ہوا ڈرامہ سٹیج ہوا تھا جو پبلک کو بہت پسند آیا۔ اس سلسلے میں انگریزی کے ایک اخبار کی نامہ نگار ایک حسین لڑکی نے خواہش ظاہر کی کہ وہ میرا انٹرویو لینا چاہتی ہے۔ ملاقات دلی کے کافی ہاؤس میں طے پائی۔

اس نامہ نگار لڑکی کے تعارف میں میں اتنا عرض کر دوں کہ اس میں کچھ ایسی کشش تھی کہ کافی ہاؤس میں بہت سے لوگ وہاں صرف اُسے دیکھنے آیا کرتے تھے۔ ویٹرز کرسیوں کو کسی بھی انداز سے سجائیں بالآخر ان کی ترتیب کچھ اس طرح سے ہو جاتی تھی کہ کافی ہاؤس کا ہر گاہک اس حسینہ کو دیکھ سکے۔ صحیح انداز سے نہ سہی، غلط انداز سے ہی سہی۔

حُسن کے ساتھ ساتھ قدرت نے اُسے قابلیت کی دولت سے بھی مالا مال کر رکھا تھا۔ دانشور کہتے ہیں کہ حُسن و عقل کا آپس میں تعلق نہیں ہوتا۔ یہ لڑکی اس غلط بیانی کا زندہ ثبوت تھی۔ ویسے بھی میرا خیال ہے: یہ قول ہمارے دانشوروں نے محض اس لئے گھڑ لیا ہے کہ عقل کے بارے میں تو انہوں نے خود ہی فیصلہ کر لیا ہے کہ ان کے پاس ہے۔ اور حُسن کے بارے میں آئینہ انہیں یاد دلاتا رہتا ہے کہ ہر چند کہو کہ ہے نہیں ہے۔

اس مختصر سی تمہید کے بعد میرا خیال ہے۔ میں اپنے انٹرویو کی طرف لوٹ آؤں ورنہ مجھے اندیشہ ہے کہ اس مضمون کا اصل موضوع میرے ہاتھ سے نکل جائے گا۔ مجھے یاد ہے، کافی ہاؤس میں کئی بار ایک گروپ میں زور شور سے کمیونزم پر بحث ہو رہی ہوتی تھی کہ اچانک اس لڑکی کے کافی ہاؤس میں داخل ہوتے ہی اس میز پر یا تو مکمل خاموشی چھا جاتی تھی۔ یا پھر اچانک غزل گوئی شروع ہو جاتی تھی۔ میں نہیں چاہتا جس موضوع پر لکھنے کو میں نے قلم اٹھایا ہے، اُسے بھول کر غزل سرائی شروع کر دوں۔

انٹرویو کے شروع میں ہی مجھے احساس ہوا کہ کچھ جم نہیں رہا — اصل میں انٹرویو تو تب جمتا ہے جب دونوں انٹرویو دینے والا اور انٹرویو کرنے والا، ایک ہی منزل پر رواں دواں ہوں۔ ہم دونوں تو دو الگ الگ راہوں پر گامزن تھے۔ وہ چاہتی تھی کہ انٹرویو کچھ اس طرح کا ہو کہ لوگ چٹخارے لے کر پڑھیں۔ میں چاہتا تھا کہ اس مختصر سی ملاقات کی آڑ لے کر اس حسینہ پر اپنی قابلیت، اپنی دولت، اپنی شہرت اور اپنی خاندانی جاہ و حشمت کا سکہ بٹھا دوں۔ انٹرویو جم کیسے سکتا تھا؟

لڑکی نے میرے بچپن کے بارے میں بات چیت کرتے ہوئے پوچھا:

"چونکہ آپ کی پیدائش ایک گاؤں میں ہوئی تھی، اس لئے آپ کو ابتدائی تعلیم حاصل کرنے میں خاصی مشکل کا سامنا کرنا پڑا ہو گا؟"

کرنا تو پڑا کہ والد ہر روز صبح مجھے گھر سے پیدل نکال دیتے تھے۔ لیکن اس وقت مجھ پر ایک حسین لڑکی کو مرعوب کرنے کا نشہ سوار تھا۔ اس لئے میں نے بچپن کی مشکلوں کو پس پردہ ڈال کر کہا:

"تعلیم حاصل کرنے میں مشکل کیا ہوتی تھی۔ والد صاحب بڑے زمیندار تھے

کئی گھوڑے تھے ان کے پاس۔ صبح سائس مجھے گھوڑے پر بٹھا کر شہر لے جاتا تھا اور جب تک میں سکول میں رہتا تھا وہ باہر بیٹھا رہتا تھا۔ بیچ بیچ میں اندر آکر پوچھ لیتا تھا کہ کسی لڑکے نے میری پنسل تو نہیں چھینی یا کسی ٹیچر نے مجھ سے بدسلوکی تو نہیں کی۔"

میں نے یہ سب کچھ اس طرح سے کہا کہ خود مجھے اپنے بیان پر یقین ہونے لگا۔ کچھ دیر کے لئے میں بھول گیا کہ میں کافی ہاؤس میں داخل ہونے سے پہلے سٹینڈ پر اپنی سائیکل رکھ کر آیا ہوں۔ مجھے احساس ہو رہا تھا کہ میرا ڈرائیور میری امپورٹیڈ کار میں بیٹھا میرا انتظار کر رہا ہے کہ میری انٹرویو ختم ہو تو مجھے گھر لے جائے۔

مجھے تو اپنے جواب سے خوشی ہوئی لیکن لڑکی کے چہرے پر مجھے مایوسی کی ایک ہلکی سی پرچھائیں دکھائی دی۔

پھر اس نے پوچھا: "لکھتے وقت آپ کو کس طرح کا ماحول اور کونسی سہولتیں درکار ہوتی ہیں۔"

اس کا خیال تھا میں اس ماحول کا ذکر کروں گا جو عمر خیام کو درکار تھیں یعنی ایک حسین رقاصہ کا ساتھ، صراحی اور جام اور تنہائی۔ لیکن میں ایسا جواب کیوں دیتا۔ میں تو اپنے آپ کو نہ صرف عمر خیام سے بلکہ ہر ادیب سے الگ سا محسوس کر رہا تھا۔ اس لئے میں نے جواب دیا کہ لکھنے کو کچھ ہونا چاہیئے، میں کہیں بھی بیٹھ کر لکھ سکتا ہوں۔ سہولت کے بارے میں میں نے کہا کہ لکھتے وقت میرے پاس سفید کاغذ اور قلم ہونا چاہیئے۔ بس سہولت تو اُسے چاہیئے جو سوچ سوچ کر لکھتا ہو۔ اپنا تو یہ حال ہے کہ

ع آتے ہیں غیب سے یہ مضامیں خیال میں

میرا جواب سُن کر لڑکی کے چہرے پر مایوسی کی پرچھائیاں اور گہری ہوگئیں۔

اس نے مجھ سے کئی اور سوال کئے ایک سوال یہ تھا کہ ضرور میرا کوئی چچا بڑا ظالم ہوگا۔ کیوں کہ میرے ڈراموں میں اکثر ظالم چچوں کا ذکر ہوتا ہے۔

میں کیسے تسلیم کرتا کہ میرے خاندان میں کوئی جابر شخص تھا۔ میں نے جواب دیا کہ جس خاندان سے میرا تعلق ہے، وہاں تو گلی کے کتے سے بات کرتے وقت اُسے "آپ" کے القاب سے مخاطب کیا جاتا تھا۔ ایسے خاندان میں کسی جابر کی پیدائش کیسے ممکن تھی۔ وہ تو جب ہم لوگ ملک کی تقسیم کے بعد اپنی قلعہ نما کوٹھی چھوڑ کر مجبوراً دلی آئے تو کچھ ایسے لوگوں سے ملنے کا اتفاق ہوا جو جابر اور ظالم تھے۔ انہی کی تصویر کشی میں نے اپنے ڈراموں اور مضامین میں کی ہے۔

انٹرویو کچھ اسی انداز سے چلتا رہا۔ وہ مجھے پھسلاتی رہی کہ میں کوئی ایسی بات کہوں جس سے انٹرویو میں رنگ بھرا جاسکے۔ میں اس کوشش میں رہا کہ کسی طرح اُسے یقین دلاسکوں کہ

سو برس سے بزرگ میرے حکمران تھے

جب اس نے پوچھا کہ میرے والد نے میری پہلی تخلیق پر مجھے خوب پیٹا ہوگا کہ میں اتنے بڑے زمیندار کا بیٹا ہو کر ڈرامے لکھتا ہوں تو میں نے کہا: "نہیں انہوں نے سارے علاقہ میں لڈو بانٹے تھے کہ وہ مہاراجہ رنجیت سنگھ کی طرح ان پڑھ سہی ان کا لڑکا ایک دن دیکھنا شیکسپیئر کو پچھاڑ کر دم لیگا"۔

"اس قدرتی عطیے کے باوجود اپنا پہلا ڈرامہ براڈکاسٹ کرنے کے لئے آپ نے کئی سال ریڈیو سٹیشن کے گرد طواف کیا ہوگا۔" اس نے پوچھا۔

"میں نے تو ڈرامہ ڈاک سے بھیجا تھا۔ خود ریڈیو سٹیشن سے ایک افسر میرے گھر آکر کہہ گیا تھا کہ صاحب اس سے بہتر ڈرامہ ہم نے آج تک نہیں پڑھا۔" میں نے جواب دیا۔

"آپ کی بیوی ضرور کہتی ہو گی کہ لکھنا لکھانا چھوڑ کر راشن کی دوکان کھول لو تاکہ گھر میں چولہا جلتا رہے۔" اس نے کہا۔

"میری بیوی کہتی ہے کہ خوب شہرت حاصل کرو۔ روٹیاں ہم بازار سے لے آیا کریں گے۔ چولھا جلانے سے ویسے بھی گھر میں دھواں پھیلے گا۔" میں نے جواب دیا۔

مختصر یہ کہ میں نے بار بار اسے یقین دلایا کہ میری زندگی میں کوئی ناخوشگواری نہیں ہوئی۔ اگر کبھی کوئی مشکل آئی بھی تو بس وہی جو ایک نارمل آدمی کی زندگی میں آتی ہے۔

بہت مایوس ہو کر دھیمی آواز میں لڑکی نے کہا: "انٹرویو تو آپ کا شائع ہو گا لیکن ہو گا نہایت مختصر۔"

انٹرویو تو میرا ناکامیاب رہا لیکن اُس دن مجھے یہ احساس ہو گیا کہ نارمل آدمی کے بارے میں نہ کوئی لکھنے کو تیار ہے نہ پڑھنے کو۔ اگر میں اپنے انٹرویو میں یہ کہتا کہ اسکول جانے کے لئے مجھے ایک دریا پار کرنا پڑتا تھا اور بستہ سر پر رکھ کر ٹھنڈے پانی میں تیرتے ہوئے میرے دل میں ایک ہی ولولہ ہوتا تھا کہ مجھے بڑا آدمی بننا ہے تو شائد میرا انٹرویو اتنا مختصر نہ ہوتا۔

اگر میں یہ کہتا کہ والد نے میری پہلی تخلیق پر مجھے اتنا پیٹا تھا کہ آج بھی میری پیٹھ پر زخموں کے نشان ہیں۔ اور اگر اس سلسلے میں بچپن میں لگے ہوئے کسی مندمل زخم کا نشان ثبوت کے طور پر دکھا دیتا تو میرا انٹرویو اتنا مختصر نہ ہوتا۔

اگر میں کہتا کہ میرے گھر میں بجلی کا بل وقت پر جمع نہ کرانے کی وجہ سے

جب بجلی کاٹ دی جاتی ہے تو میں سڑک پر بجلی کے کھمبوں کے نیچے بیٹھ کر لکھتا ہوں تو میرا انٹر ویو اتنا مختصر نہ ہوتا۔

آپ بھی اگر میری طرح نارمل آدمی ہیں تو آپ جانتے ہوں گے کہ ہم سب نے جوانی میں ایک آدھ عشق کیا تھا جو کچھ اس طرح کا تھا کہ محبوبہ سے ملے۔ پارک میں بیٹھ کر اس کے ساتھ دس بارہ بار مونگ پھلیاں کھائیں۔ ریسٹورانٹ میں بیٹھ کر چار چھ بار چائے پی۔ اور جب محبوبہ کے والد نے شادی کی منظوری نہ دی تو ہم نے چپ چاپ اپنے والدین کے کہنے پر شادیاں کر لیں۔ لیکن کسی وارث شاہ نے کیا کبھی دوسو صفحوں کی منظوم کتاب ہم پر لکھی۔ لیکن میاں رانجھے کی طرف دیکھئے بلکہ بھائی مجنوں کی طرف دیکھئے کہ کپڑے پھاڑ کر جنگل کی طرف نکل گیا اور لیلےٰ کو ایسی جگہوں پر تلاش کرتا رہا جہاں اس کے ہونے کا سوال ہی پیدا نہیں ہوتا تھا۔ کون باپ اپنی جوان بیٹی کو تنہا جنگل بیابان میں ٹہلنے کو بھیج دے گا۔ تاکہ میاں مجنوں اُسے وہاں ڈھونڈ سکے۔ مجنوں نے کوئی ایسی حرکت نہ کی جو ایک نارمل انسان کرتا ہے۔ بلکہ سب کچھ اس کے برعکس کیا۔ یعنی کپڑے پھاڑ لئے حالانکہ جنگل بیابان میں اچھی خاصی سردی ہوتی ہے، اور کپڑوں کی ضرورت ہوتی ہے۔ بالوں میں خاک ڈال لی۔ حالانکہ صاف ستھرے بالوں کے ساتھ بھی اچھا خاصہ عشق ممکن ہے۔ لیکن دیکھ لیجئے اس کا نتیجہ کہ آپ اور ہم جیسے عاشقوں کو کسی نے گھاس بھی نہ ڈالی اور میاں مجنوں کتابوں پر کتابیں لکھوا گئے اپنے اوپر۔ مجھے تو کئی بار خیال آتا ہے کہ لیلیٰ کے والد مجنوں سے مل کر کہتے کہ اگر تمہیں میری دخترِ نیک اختر سے محبت ہے تو بھائی روز نہایا کرو ڈھنگ سے کپڑے پہنا کرو۔ کوئی کام دھندا ڈھونڈ لو اور میں بخوشی لیلےٰ کو تجھ سے بیاہ دوں گا۔ مجھے یقین ہے کہ میاں مجنوں غصّے سے سرخ ہو کر کہتا

کہ بڑے میاں جاؤ جاؤ اپنی راہ لو۔ میں اگر تمہاری بات مان لوں تو جناب میری تو داستان تک بھی نہ ہوگی داستانوں میں۔

شاید یہ بھید آپ بیتی لکھنے والے ادیب بھی جان چکے ہیں۔ یہی وجہ ہے کہ جس ادیب نے بھی اپنی آپ بیتی لکھی ہے اُس نے کوئی نہ کوئی ایسی حرکت کی ہوتی ہے جس کی وجہ سے اس کے گھر کے لوگ شرم سے پانی پانی ہوجاتے ہیں۔

ابھی حال میں مجھے ایک ادیب کی آپ بیتی سننے کا موقع ملا۔ اس نے اپنے باپ کی تصویر کچھ اس انداز سے کھینچی تھی کہ میرے ذہن میں ہلاکو کا ایک دھندلا سا جو نقش ہے وہ تصویر ویسی ہی لگ رہی تھی۔ جب وہ اپنی کتاب کا مسودہ مجھے پڑھ کر سُنا رہا تھا اُس وقت اُس کا باپ بھی وہاں موجود تھا۔

میں نے بزرگوار سے کہا "آپ کا بیٹا جو کچھ کہہ رہا ہے، آپ کو بُرا لگ رہا ہوگا۔"

بزرگ نے وِسکی کا ایک بڑا سا گھونٹ لے کر کہا: "شروع سے ہی اسے جھوٹ بولنے کی عادت ہے۔ بچپن میں پٹتا بھی وہ میرے ہاتھوں اسی عادت کی وجہ سے تھا۔"

دفتر میں میرا ایک ساتھی ہے جو اکثر مجھ سے شکایت کرتا ہے کہ میں اسکے بارے میں کبھی نہیں لکھتا۔ حالانکہ اس میں ہزاروں خوبیاں ہیں۔ وہ وقت پر دفتر آتا ہے۔ وقت پر دفتر سے جاتا ہے۔ کسی سے بدتمیزی نہیں کرتا۔ اپنا کام صحیح طرح سے کرتا ہے۔ بیوی بچوں سے محبت کرتا ہے۔ یار دوستوں کے کام آتا ہے۔ میں نے جواب دیا "یار تم تو بالکل نارمل آدمی ہو تم پر کوئی کیا لکھ سکتا ہے۔"

اس لیئے اے قارئین کرام! اس بات کو گرہ میں باندھ لیجیئے کہ جن لوگوں پر اخبارات میں ہر روز مضامین شائع ہوتے ہیں۔ جن کی زندگی پر کتابیں لکھی جاتی ہیں وہ میری آپکی طرح نارمل آدمی نہیں ہیں اسلیئے اگر آپ میرے مضامین یا ڈراموں کا موضوع بننا چاہتے ہیں تو کوئی الٹا سیدھا کام کیجیئے، بلکہ صحیح مشورہ یہ ہوگا کہ کوئی ڈھنگ کا الٹا کام کیجیئے۔

طنز و مزاح کا اکبر بادشاہ

کچھ مہینے پہلے فکر تونسوی نے جب اپنی کتاب "فکر بانی" کی ایک کاپی مجھے عنایت کی تھی تو اس پر لکھا تھا: "طنز و مزاح کے نئے تخت نشین دلیپ سنگھ کی نذر" اتنے بڑے ادیب سے ایسا سرٹیفکیٹ ملنے پر چاہئے تو یہ تھا کہ اُسے اپنی پیشانی پر چپکائے پھرتا۔ لیکن مشکل یہ آپڑی ہے کہ فکر تونسوی بلا کا طنز نگار ہے۔ اُس کے اِس جملے سے کئی طرح کے معنی نکالے جا سکتے ہیں۔ اور اُن میں ایک یہ بھی ہے کہ طنز و مزاح کی سلطنت کے زوال کی حالت ملاحظہ فرمایئے کہ دلیپ سنگھ جیسے لوگ میرے بعد تخت و تاج کے مالک بن بیٹھے ہیں۔ چنانچہ عام طور پر تو میں اس سرٹیفکیٹ کو چھپائے رکھتا ہوں، لیکن کبھی کبھی جب کوئی اور طنز و مزاح نگار خود کے فکر ثانی ہونے کا اعلان کرتا ہے تو میں یہ سرٹیفکیٹ اس کے سامنے کر دیتا ہوں کہ دیکھ لو بھیا یہ تخت و تاج مجھے خود طنز و مزاح کے اکبر بادشاہ نے بخشا ہے۔ یہ ضمنی بات ہے کہ سرٹیفکیٹ دیکھنے والا مجھے تو گالیاں دیتا ہی ہے۔ خود اکبر بادشاہ کو بھی نہیں بخشتا۔

بنیادی سوال یہ ہے کہ کیا طنز و مزاح کے اکبر بادشاہ نے واقعی حکومت سے کنارہ کشی اختیار کر لی ہے؟ اس جلسے کو دیکھ کر شاید یہ شک آپ کے دل میں

۱۱۴

اٹھا ہو کیوں کہ ہمارے ہاں ادیب کی شان میں یا تو جلسہ ہوتا ہے اس کی موت کے بعد یا پھر تب ہوتا ہے جب وہ خود نوشت گارنٹی دیتا ہے کہ میں اب کبھی نہیں لکھوں گا۔ فکر نے تو ان دونوں معرکوں میں سے کوئی بھی سر نہیں کیا۔ کہیں ایسا تو نہیں کہ جلسوں کے منتظمین نے اپنے اصول بدل لئے ہیں۔ فکر یقیناً اس شدت سے نہیں لکھ رہا جیسے اس نے پچھلے کئی سال لکھا ہے لیکن اب بھی ہفتے دس دن میں اس کے قلم سے چنگاریاں اٹھتیں تو میں نے خود دیکھی ہیں۔ ہاں یہ ضرور ہے کہ فکر کو آج کل اس بات کا شدت سے احساس ہے کہ اس کے طنز کے تیر و نشتر نے وہ کر نہیں دکھایا جس کی وہ امید لگا کے بیٹھا تھا۔ ابھی اگلے دن کی بات ہے۔ جامعہ ملیہ کے ماس کمیونی کیشن ڈپارٹمنٹ کے صدر جمال قدوائی صاحب نے کچھ ادیبوں کو بلوا کر درخواست کی تھی کہ ہم لوگ دیہات سدھار کے مسئلہ پر کچھ پروگرام لکھیں۔ فکر نے وہاں بیٹھے بآواز بلند کہا کہ میں نہیں لکھونگا۔ قدوائی صاحب نے قدرے متعجب ہو کر پوچھا "فکر صاحب ایسا کیوں"؟ فکر نے جواب دیا "پہلے جو اتنا لکھ چکا ہوں اس پر کون سا عمل ہو رہا ہے"؟

فکر ایک دن خود مجھ سے کہہ رہا تھا کہ

"زندگی بھر میں نے بت شکنی کی ہے، جہالت کی بت شکنی، تعصب کی بت شکنی، فرقہ پرستی کی بت شکنی اور ایک ایسے مذہب کا پرچار کیا ہے جو ساری انسانیت کا ہو لیکن کل ہی میری بیوی مجھ سے کہہ رہی تھی کہ چلو ویشنو دیوی کے درشن کر آئیں۔ آخری عمر میں گویا مجھے میرے ہندو ہونے کا احساس دلایا جا رہا ہے۔"

جیسا کہ ہم سب جانتے ہیں، بیوی سے مراد فکر کی منکوحہ بیوی نہیں ہے۔ یہ تو ایک سمبل ہے ان تمام لوگوں کا جنھوں نے فکر کو طنز و مزاح کے نشتر

چلانے کا موقع بہم پہنچایا۔ اُس کی منکوحہ بیوی نے تو ایک بڑا عظیم کام کیا کہ اُس نے فِکر کے گھر کے مورچے کو سنبھال رکھا تاکہ وہ جہالت سے جنگ آزما ہوسکے۔ فکر کو یقیناً اس قربانی کا احساس ہے۔ ایک دن اپنی ابتدائی زندگی کے بارے میں گفتگو کرتے ہوئے فِکر نے بڑے جذباتی انداز میں مجھے بتایا کہ اس کی بیوی کو جوانی میں میم کہتے تھے۔ میں نے بھابی کی موجودہ حالت کو دیکھتے ہوئے دل ہی دل میں سوچا کہ فِکر کے ہاتھ میں ایک اچھی چیز سونپنے سے کتنے خطرناک نتائج نکل سکتے ہیں۔

فِکر سے میری قریب تیس سال سے اوپر کی دوستی ہے۔ اُسی نے مجھے لکھنے کے لئے اُکسایا۔ اس نے مجھے یہ احساس دلایا کہ لکھو تو عوام کے لئے لکھو۔ خواص کیلئے مطالعہ ایک دماغی عیاشی سے بڑھ کر کچھ نہیں ۔ عوام شاید اس سے کچھ فائدہ بھی اٹھاسکیں۔ اُس نے ہمیشہ میرے مضامین اور میرے ڈراموں کو دلچسپی سے پڑھا ہے۔ اس لئے میں اُسے اپنا کرم فرما بھی کہہ سکتا ہوں۔ لیکن جب کبھی ہم دونوں نے مل کر شراب نوشی کی ہے فکر نے ہمیشہ مجھ سے میرے حصے کی شراب کے پیسے ڈلوائے ہیں۔ یہ کوئی دوست ہی کر سکتا ہے۔ کرم فرما ہوتا تو کہتا پوری بوتل تم خرید کر لاؤ۔

بطورِ ادیب فِکر نے کبھی یہ دعویٰ نہیں کیا کہ وہ ایک منفرد ادیب ہے جس نے طنز و مزاح کے ایک خاص سکول کو جنم دیا ہے۔ اُس نے ہمیشہ اپنے آپ کو ایک مقصد سے آئی ڈنٹی فائی کیا ہے۔ شاید اسی لئے اس کا کسی اور طنز نگار سے کوئی جھگڑا نہیں۔ وہ سمجھتا ہے کہ ایک ہی منزل کے مسافروں کا آپس میں تفرقہ کیسا۔ دو سال پہلے میں جب آسٹریا کی راجدھانی وی آنا میں ملازمت کر رہا تھا تو میں نے وہاں سے ایک طویل خط فِکر کو لکھا تھا۔ جسمیں وی آنا کی زندگی کا ایک خاکہ بھی تھا۔ فِکر نے وہ خط جوں کا توں اپنے کالم

میں شامل کر لیا۔ اس کے بعد جب میں نے اسے رسمی خط لکھا جس میں اپنی خیریت کا ذکر اور اس کی خیریت مطلوب تھی تو اس نے جواب میں لکھا کہ

"اچھا ہوتا اگر تم خط کے بجائے ایک مضمون لکھ بھیجتے۔ جہاں تک تمہاری خیریت کا تعلق ہے، یورپ میں اُسے کوئی خطرہ نہیں اور میری خیریت اس میں ہے کہ اچھا لکھتا رہوں اور اچھا لکھنے کی ترغیب دیتا رہوں کیونکہ 'میرا پیغام محبت ہے جہاں تک پہنچے۔'"

ادیبوں کی ایک خاصیت ہے کہ اپنی ادبی زندگی کے ایک خاص مقام پر پہنچ کر عوام سے منہ پھیر لیتے ہیں اور دانشوروں کی صف میں گھسنے کی کوشش کرتے ہیں۔ ادیب اگر شاعر بھی ہے تو اس مقام پر پہنچ کر اپنی نظموں کو پیچیدہ کرتا چلا جاتا ہے تاکہ عوام انہیں سمجھ نہ سکیں۔ اگر وہ افسانہ نگار ہے تو کہانی لکھنے کی بجائے قاری کو افسانہ نگاری کے نئے نئے تجربوں کی دلدل میں پھنسا دیتا ہے۔ اور اگر وہ ناقد ہے تو فرانس اور جرمنی کے ادیبوں کے تنقیدی مضامین کو اپنا تکیہ بنا لیتا ہے۔ مجھے یاد ہے کچھ سال پہلے مجھے دوردرشن کی طرف سے کچھ ادیبوں پر فلمیں بنانے کو کہا گیا تھا۔ مقصد ہمارا یہ تھا کہ ادیب کا ایک عام سیدھے سادھے قاری سے تعارف کرایا جائے۔ اُسے بتایا جائے کہ ادیب بھی ہماری طرح گوشت پوست کا بنا ہوا انسان ہے۔ وہ کبھی صبح گھر میں جھاڑو لگاتا ہے۔ سبزی والے سے بھاؤ تاؤ کرتا ہے۔ اور ہو سکے تو روز نہاتا ہے۔ اس سلسلہ میں ایک ادیب کے گھر گیا۔ دورانِ گفتگو معلوم ہوا کہ انہیں پھول پودوں کے ساتھ گہری دلچسپی ہے۔ میں فلم میں ان کا چھوٹا سا باغیچہ دکھانا چاہتا تھا، میں نے ان سے کہا:

"آپ پودوں کو پانی دیجئے۔ میں آپ سے سوال کروں گا کہ

پودوں کو پانی دیا جارہا ہے؟ آپ جواب میں اپنی پودوں سے محبت کا ذکر کر دینا۔"

چنانچہ میں نے سوال کیا: "پودوں کو پانی دیا جارہا ہے۔" ادیبہ نے ایک ٹھنڈی سانس لی۔ بالوں کو ایک خاص انداز سے سنوارا اور کہا: "میں تو چاہتی ہوں آسمان کو بھی دھو دوں، بہت گدلا ہو رہا ہے۔" جواب سن کر مائک میرے ہاتھ سے گر گیا۔ مجھے کیا معلوم تھا کہ محترمہ دانشوری کے حدود میں داخل ہو چکی ہیں۔

اچھے بھلے ادیب، دانشور بننے کی کوشش کیوں کرتے ہیں۔ اس کا جواب تو کوئی ماہر نفسیات، یا کوئی دانشور ہی دے سکتا ہے۔ لیکن کہتے ہیں ادب کے بڑے انعامات صرف انہی ادیبوں کو ملتے ہیں جو دانشوروں کی صف میں شامل ہو جاتے ہیں۔ کیوں کہ ارباب بست و کشاد جو ان انعاموں کا فیصلہ کرتے ہیں، انہیں اگر ادیب کی بات سمجھ میں آجائے تو پھر انعام کس بات کا۔

میری بات کی تصدیق اس امر سے ہوتی ہے کہ آج تک طنز و مزاح کے کسی ادیب کو کسی بڑے انعام سے نوازا نہیں گیا، فکر تونسوی کو بھی نہیں کیونکہ فکر کے مضامین کو سمجھنے کے لئے کسی یونیورسٹی کے پروفیسر کی مدد لینے کی ضرورت نہیں پڑتی۔ ان کو تو ہر ایرا غیرا نتھو خیرا سمجھ لیتا ہے۔

فکر تونسوی دانشور نہیں بن سکا اور نہ ہی مجھے اس کی کوئی امید نظر آتی ہے۔ اس نے نہ صرف عوام کے لئے لکھا ہے بلکہ ہمیشہ انہی کے مسائل کے بارے میں لکھا ہے۔ عوام سے مراد اس کی وہ شخص ہے جو زندگی بھر دال کے ساتھ روٹی کھاتا ہے۔ ایسا ہی ایک شخص جب قریب المرگ ہوا تو فکر نے اس سے پوچھا کہ "تمہاری آخری خواہش کیا ہے؟" اس نے جواب دیا: "میں آخری بار دال کے ساتھ روٹی کھانا چاہتا ہوں۔"

۱۱۷

فکر عوام کے دکھ درد اور ان کی خوشیوں سے پوری طرح واقف ہے۔ کیونکہ وہ خود انہی کا حصہ ہے۔ مجتبیٰ حسین نے اسے بھیڑ کا آدمی کہا ہے۔ اور میں سمجھتا ہوں اس کے لیئے اس سے بہتر خطاب ڈھونڈنا مشکل ہے۔ ویسے تو جسطرح کی زندگی اس نے جی ہے اس میں عوام کے مسائل کو سمجھنے میں کچھ مشکل نہیں ہونی چاہیئے تھی۔ لیکن فکر نے ہم دوستوں کے ساتھ کئی پوری راتیں دلی کی سڑکوں پر گھومتے ہوئے اس لیے گذار دیں تاکہ اپنی آنکھوں سے دیکھ سکے کہ عوام کی رات کیسے بسر ہوتی ہے۔

فکر کی زندگی میں ایک ایسا حادثہ ہوا جب اُسے عوام سے الگ ہونے کا ایک موقع ملا۔ حالات نے کچھ ایسا پلٹا کھایا کہ دلی کے گل مُہر پارک میں اُس کی ایک کوٹھی بن گئی۔ لیکن اگر آپ کو کبھی وُہاں جانے کا اتفاق ہو تو آپ کو محسوس ہوگا کہ کوٹھی میں رہنے سے فکر کی شان نہیں بڑھی البتہ کوٹھی کی اکڑ پھوں کم ہوگئی ہے۔

فکر آج ستر برس کا ہوگیا ہے۔ جس طرح وہ بڑی بڑی بیماریوں کو پچھاڑتا ہوا یہاں تک پہنچا ہے۔ مجھے یقین ہے کہ ابھی اُسے بہت دور تک جانا ہے۔ ہماری دعا ہے کہ وہ طنز و مزاح کے تخت پر اسی شان سے بیٹھا رہے۔ رہ گئی ہماری بات کہ ہم کو یہ تخت کب نصیب ہوگا تو اس کی فکر کرنے کی اسے ضرورت نہیں ہے۔ ہم انتظار کریں گے، آخر ملکہ الزبتھ کا بیٹا فلپس بھی تو انتظار کرتے کرتے بوڑھا ہو ہی رہا ہے۔

(" فکر کے ساتھ ایک دوپہر "
کے زیرِ عنوان جلسے کے موقع پر پڑھا گیا۔)

۱۱۸

ایک خاکہ نگار کا خاکہ

ایک منفرد اور صاحب طرز مزاح نگار ہونے کے علاوہ مجتبیٰ حسین کی پہچان اس بات سے بھی کی جاتی ہے کہ وہ خاکہ نگاری میں اپنا ثانی نہیں رکھتے۔ اپنی خاکہ نگاری کے بارے میں وہ ایک جگہ لکھتے ہیں:

> "میں اس قماش کا خاکہ نگار ہوں کہ جس کا خاکہ لکھتا ہوں اُس پر خاک ڈالنے کے علاوہ کوئی اور کام نہیں کر سکتا۔"

مجھے یقین ہے کہ انہوں نے یہ جملہ خدا کو حاضر و ناظر جان کر نہیں لکھا۔ یا پھر وہ جانتے ہیں کہ اس دور میں سچ بول کر وہ اقلیت میں رہ جائیں گے۔ میں جانتا ہوں کہ دن رات سینکڑوں ادیب اپنا خاکہ لکھوانے کے چکر میں مجتبیٰ حسین کے اردگرد چکر لگاتے ہیں اور میں یہ بھی جانتا ہوں کہ ابھی ہمارے ہاں ایسا ماحول پیدا نہیں ہوا کہ لوگ بخوشی اپنی زندگی میں اپنے اوپر خاک ڈلوانے کیلئے اتنی دوڑ دھوپ کریں گے۔

اُردو ادیبوں میں ایک فیشن سا بن گیا ہے کہ اُن کی کتاب کی اجرا کی رسم پر کوئی ان کا خاکہ پڑھ کر سنائے۔ تقریباً ہر ادیب چاہتا ہے کہ یہ خاکہ مجتبیٰ حسین لکھیں اور سنائیں۔ کیونکہ وہ جانتا ہے کہ اس کی زندگی کتنی بھی سپاٹ اور نیرس کیوں نہ ہو، مجتبیٰ حسین خاکہ لکھتے وقت کسی نہ کسی طرح اس میں کچھ خوبیاں تلاش کریں گے۔ اور سچی بات یہ ہے کہ مجتبیٰ اس فن کے ماہر

ہو گئے ہیں ۔ میں نے خود کئی کتابوں کی اجرا کی رسموں میں محض اس لئے شمولیت کی ہے کہ وہاں مجتبیٰ حسین کا لکھا ہوا خاکہ سننے کو ملے گا۔ مصنف بعد میں وہی خاکہ اپنی کتاب میں شامل کر لیتا ہے۔ جس سے کتاب کے حجم اور وقار میں اضافہ ہو جاتا ہے۔

خاکہ لکھتے وقت مجتبیٰ اپنے ممدوح میں کس طرح اتنی خوبیاں ڈھونڈ لیتے ہیں یہ میری سمجھ سے بالاتر ہے۔ ایک معمولی پستہ قد آدمی ان کے خاکے میں بلند بالا لگنے لگتا ہے۔ خود مجھے کئی بار خیال آیا کہ قد بڑھانا تو اس عمر میں مشکل ہے، مجتبیٰ حسین سے خاکہ ہی لکھوا لوں ۔ لیکن پریشانی اس میں یہ ہے کہ اس کے لئے ایک کتاب شائع کروانا ضروری ہے اور کتاب شائع کرنے کے لئے ابھی تک کسی اُردو اکیڈیمی نے مجھے جزوی امداد نہیں دی ۔

اگر آپ کو بھی میری طرح مجتبیٰ کے لکھے ہوئے خاکے سُننے کا موقع ملا ہے تو آپ کو اتنی حیرانی ضرور ہوئی ہو گی کہ کیسے وہ بغیر شرمائے بھری سبھا میں رائی کو پہاڑ اور جنگل کو گلزار کہہ دیتے ہیں ۔ میں نے انہیں سٹیج پر مائک کے سامنے کھڑے ہو کر ایسے ایسے لوگوں کی تعریفوں کے پُل باندھتے دیکھا ہے جن کی شکل وصورت کو دیکھ کر لوگ اپنی پاکٹ سنبھالنا شروع کر دیتے ہیں ۔ ہاں یہ ضرور ہے کہ جب وہ سٹیج سے اتر کر آتے ہیں تو ان کی صورت ایک ایسے گواہ کی سی ہوتی ہے جو ابھی ابھی کسی یار دوست کی خاطر کچہری میں جھوٹی گواہی دے کر آیا ہو ۔ ان کی صورت دیکھ کر انہیں معاف کرنے کو جی کرتا ہے! افسوس صرف اس بات کا ہے کہ اس وقت تک مجتبیٰ حسین کا لکھا ہوا خاکہ ممدوح کے ہاتھوں میں پہنچ چکا ہوتا ہے ۔ اور پھر وہ باقی زندگی اس خاکے کو اپنی شرافت اور لیاقت کی سند کے طور پر استعمال کرتا رہتا ہے ۔ بالکل اس ڈگری کی طرح

جو لوگ امتحان میں نقل کر کے یا ممتحن کو رشوت دے کر حاصل کر لیتے ہیں اور پھر اس کی بناء پر نوکری لے کر ہم جیسوں پر حکومت کرتے رہتے ہیں۔

یہ بات غور طلب ہے کہ مجتبیٰ کس طرح بظاہر روکھے پھیکے اور سپاٹ لوگوں پر اتنے دلچسپ خاکے لکھ لیتے ہیں۔ معاملہ کی تہ تک پہنچنے کے لئے میں نے ان کے لکھے ہوئے بہت سے خاکوں کو بغور پڑھا اور پڑھ کر مجھے احساس ہوا کہ ان کا طریقہ کار تو بہت ہی سادہ ہے۔ مزاح نگار تو وہ ہیں ہی۔ ان کے ذہن میں سینکڑوں لطیفے جنم لیتے رہتے ہیں۔ مان لیجئے خاکہ لکھتے وقت ان کے ذہن میں بچوں کے بارے میں کوئی لطیفہ اُبھرا انہوں نے فیصلہ کر لیا کہ خاکہ کو دلچسپ بنانے کے لئے اِس لطیفہ کی خاکہ میں شمولیت ضروری ہے۔ مان لیجئے لطیفہ یہ ہے کہ

ایک صاحب کے گیارہ بچے تھے اور وہ اس تعداد کے باوجود بچوں سے بڑا پیار کرتے تھے۔ ایک دن وہ سڑک سے گذر رہے تھے کہ انہیں ایک بچی روتی ہوئی نظر آئی۔ بچی سے بہت پوچھا کہ اس کے ماں باپ کہاں رہتے ہیں تاکہ اُسے وہاں پہنچا دیں۔ لڑکی نے کوئی جواب نہ دیا، بالآخر یہ اُسے اپنے گھر لے آئے۔ بیوی سے کہنے لگے "بیگم یہ بچی مجھے سڑک پر روتی ہوئی ملی ہے بیچاری شاید یتیم ہے، جہاں ہمارے گھر میں گیارہ بچے پل رہے ہیں۔ اس بچی کو بھی پال لو۔" اس پر ان کی بیوی نے کہا: "آپ کی عقل تو نہیں سٹھیا گئی ہے؟ یہ تو ہماری بیٹی نزہت ہے نزہت۔"

لطیفہ کی وجہ سے خاکہ تو دلچسپ بن گیا لیکن اب سوال یہ پیدا ہوا کہ اس کو ممدوح کے ساتھ کیسے جوڑا جائے۔ قارئین کو کیسے یقین دلایا جائے کہ یہ لطیفہ انہوں نے یوں ہی نہیں لکھ دیا۔ اس کا خاکہ کے ساتھ گہرا سنبندھ ہے اس سنبندھ کا ثبوت دینے کے لئے مجتبیٰ لکھ دیں گے کہ اگرچہ اس لطیفہ کا میرے ممدوح پر

پوری طرح اطلاق نہیں ہوتا کیوں کہ اُن کے تو فقط تین ہی بچے ہیں لیکن یہ حقیقت ہے کہ انہیں بچے بہت پسند ہیں۔ یہ سب کچھ اس خوبصورتی سے کیا جاتا ہے کہ قارئین کے ساتھ ممدوح بے چارہ بھی سچ مچ یقین کرنے لگتا ہے کہ اُسے بچے بہت پسند ہیں۔ لہٰذا باقی زندگی میں وہ آتے جاتے بچوں کا منہ چومنا شروع کر دیتا ہے۔ مجتبیٰ کے خاکوں کی وجہ سے کئی ادیبوں نے کُتّے پالنے شروع کر دیئے ہیں۔ اکثر نے بلیوں کو گود میں بٹھا کر اپنا منہ چٹوانا شروع کر دیا ہے۔ اور کئی کبوتر بازی کے شوق میں تباہ ہو رہے ہیں۔ مجتبیٰ حُسین کے خاکوں نے اور کچھ کیا ہو یا نہ لیکن کئی جانوروں کی زندگیاں بن گئی ہیں۔

ابھی حال میں مجتبیٰ نے اُردو زبان و ادب کے پرستار کنور مہیندر سنگھ بیدی سحر کی گولڈن جوبلی کے موقع پر ان کا ایک خاکہ لکھا تھا۔ کنور صاحب پچھتر برس کے ہو جانے کے باوجود نہ صرف نوجوانوں کا سا دم خم رکھتے ہیں بلکہ نوجوانوں کی سی حرکتیں بھی کر گزرتے ہیں۔ مجتبیٰ حُسین نے کنور صاحب کے عہدِ پیری میں جوانی کا ذکر کرتے ہوئے لکھا تھا کہ اگر انہیں کسی بلڈنگ کی ساتویں منزل پر جانا ہو تو سیڑھیاں پھلانگتے ہوئے پہلے تیرھویں منزل پر چلے جاتے ہیں اور پھر جب انہیں احساس ہوتا ہے کہ انہیں تو ساتویں منزل پر جانا تھا تو سیڑھیاں اترنا شروع کر دیتے ہیں۔

ہو سکتا ہے یہ حرکت کنور صاحب سے ایک بار ہو گئی ہو لیکن مجتبیٰ کا خاکہ پڑھنے کے بعد اب کنور صاحب واقعتاً ایسا کرنے لگے ہیں یعنی اگر ساتویں منزل پر

جانا ہو تو پہلے تیرھویں منزل تک سیڑھیاں پھلانگتے ہوئے جاتے ہیں۔ مجھے پتہ چلا ہے کہ ایک دن اسی طرح ساتویں منزل پر پہنچنے کے لئے جب کنور صاحب بارھویں منزل پر پہنچے تو پتہ چلا کہ اس بلڈنگ کی تو بارہ ہی منزلیں ہیں۔ انہوں نے فوراً بلڈنگ کے مالک کو طلب کیا اور پوچھا کہ تیرھویں منزل کیوں نہیں بنائی۔ بلڈنگ کے مالک نے جواب دیا کہ عالی جاہ، میونسپلٹی نے اجازت نہیں دی۔ کنور صاحب بولے کہ آپ تو میونسپلٹی کو الزام دے کر چھوٹ گئے لیکن میں مجتبیٰ حسین کو کیا منہ دکھاؤں گا۔

میرے خیال میں مجتبیٰ کی زندگی کا مقصد خدمتِ خلق ہے۔ ان کی خاکہ نگاری بھی ایک طرح سے اسی سلسلے کی ایک کڑی ہے۔ میں نے اکثر ان کو بھاگتے دوڑتے دیکھا ہے۔ کبھی کسی کے بچے کا سکول میں ایڈمیشن کروا رہے ہیں۔ کبھی کسی کی نوکری لگوا رہے ہیں۔ کبھی کسی کو ریڈیو پر پروگرام دلوا رہے ہیں۔ کبھی کسی کے اعزاز میں جلسے کا انتظام کر رہے ہیں۔ جس طرح یہ خدمتِ خلق میں لگے رہتے ہیں، مجھے اکثر یہ فکر دامن گیر ہوئی ہے کہ ان کا اپنا گھر کون چلا رہا ہے۔ ان کے بچوں کا داخلہ کون کراتا ہے۔ آخر میں ہار کر یہ فیصلہ کر کے بیٹھ گیا ہوں کہ ان کے گھر کی گاڑی بھی ہماری سرکار کی طرح کسی پیر کی دعا سے چل رہی ہے۔

میں نے کہا ہے کہ مجتبیٰ کے خدمتِ خلق کے سلسلے کی ایک کڑی یہ بھی ہے کہ وہ ادیبوں کے اعزاز میں جلسے کرانے کے بہت شوقین ہیں۔ ان کا شوق انتہا تک پہنچ جاتا ہے اگر ادیب حیدرآباد کا ہو اور لندن یا امریکہ میں بس گیا ہو۔ ایسے جلسے کی تیاری میں وہ کوئی کسر نہیں چھوڑتے۔ صاحبِ صدر، مہمانِ خصوصی، جلسے میں حصہ لینے والے ادیب، بلکہ سامعین تک کا انتظام وہ خود کرتے ہیں سامعین کو کہاں ہنسنا ہے، کہاں تالی بجانی ہے یہ بھی وہ خود طے کرتے ہیں اور

۱۲۴

کمال یہ ہے کہ خود سامعین کو پتہ نہیں چلتا کہ وہ کس کے اشاروں پر ناچ رہے ہیں۔

مجھے اکثر ایسے جلسوں میں شامل ہونے کا موقعہ ملا ہے اور میں آہستہ آہستہ سمجھ گیا ہوں کہ مجتبیٰ سامعین کا انتخاب کرنے میں اتنے محتاط کیوں ہیں۔ کہتے ہیں کہ اس طرح کے ایک جلسہ میں ایک شاعر اپنا کلام سُنا رہا تھا۔ اس نے دیکھا کہ اسٹیج کے سامنے ایک آدمی لٹھ لیے گھوم رہا ہے۔ شاعر نے لٹھ والے آدمی سے پوچھا: "کیوں صاحب ہم سے کوئی غلطی ہوئی ہے جو آپ اس قدر ناراض دکھائی دے رہے ہیں"۔ لٹھ والے آدمی نے جواب دیا: "آپ تو ہمارے مہمان ہیں۔ آپ سے کیا ناراضگی ہوگی۔ میں تو اس آدمی کی تلاش میں ہوں جو آپ کو یہاں لے کر آیا ہے"۔

اب تو آپ بھی سمجھ گئے ہوں گے کہ مجتبیٰ حسین سامعین کے انتخاب میں اتنے محتاط کیوں ہیں؟

خدمتِ خلق کا اُن کا طریقہ کچھ اس طرح کا ہے کہ اس لڑی میں بہت سے آدمی پروئے جاتے ہیں۔ مجھے یاد ہے میں نے اُن سے ایک بار ذکر کیا تھا کہ میری بیٹی کا کسی اچھے کالج میں داخلہ نہیں ہو رہا۔ انہوں نے فوراً کہا کہ یہ تو معمولی بات ہے یونیورسٹی کا ایک بڑا افسر اُن کا دوست ہے اور وہ داخلہ چٹکیوں میں کرا دے گا۔ چنانچہ یہ مجھے اُس افسر کے گھر لے گئے۔ انہوں نے وعدہ کیا کہ وہ یہ کام کروا دیں گے۔ ہفتہ دس دن کے بعد جب میں اُن سے پوچھنے گیا کہ داخلہ ہو گیا ہے یا نہیں تو افسر مذکور نے بتایا کہ ان کے خُسر کو اچانک دل کا دورہ پڑ گیا ہے اور اُن کا کسی اچھے ہسپتال میں فوری داخلہ ضروری ہے۔ میں اپنی پریشانی بھول کر اُنکے خسر کو ہسپتال میں داخلہ دلوانے کے کام میں جٹ گیا۔ کچھ دنوں بعد وہ بزرگ وفات پا گئے تو میں ان کے کفن دفن میں مصروف ہو گیا۔ اِس کے بعد اُن کی

۱۲۴

جائداد کے بٹوارے میں لگ گیا۔ ظاہر ہے یہ سب کام میں اکیلا تو کر نہیں سکتا تھا اس لیئے مجھے اپنے کئی دوستوں اور رشتہ داروں کو ان کاموں میں اُلجھانا پڑا۔ میری بیٹی کے داخلہ کا تو خیر چھوڑیئے۔ مجتبیٰ حسین کے پیروکاروں میں خوب اضافہ ہوا۔ فکر تونسوی جب پچھتر سال کے ہو گئے تو دلی میں ان کا ایک جشن منایا گیا۔ اس جشن میں میں نے فکر صاحب کا ایک خاکہ پڑھا جو قارئین کو پسند آیا۔ مجتبیٰ حسین نے اس موقعہ پر مجھے مبارک باد دیتے ہوئے کہا کہ خدا کا شکر ہے کہ آپ نے بھی خاکہ نگاری شروع کر دی ہے۔ اب میرا بوجھ بٹ جائے گا۔ گویا خدمتِ خلق میں مجھے پھنسانے کی ان کی یہ ایک اور کوشش تھی۔ اپنی جگہ میں تہیہ کیئے بیٹھا ہوں کہ ان کے دام میں گرفتار نہیں ہوں گا۔ لیکن اگر میں بچ نکلا تو پھر یہ مجتبیٰ حسین کی ہار ہو گی۔ اور میں ان کو زندگی میں ہمیشہ کامیاب و کامران دیکھنا چاہتا ہوں، ہارا ہوا نہیں۔

* * *